U0148926

美國第四十任總統朗努、雷根
Ronald Reagan, 1911-2004
也賞識的一本中國奇書

漢 英 對 照

老子道德經

Lao Zi Dao De Jin

美國英文報紙專欄作家
論語和聊齋的英譯者

馬 德 五 譯

文史哲出版社印行
The Liberal Arts Press

國家圖書館出版品預行編目資料

漢英對照老子道德經 = Lao Zi Dao De Jin
  / 馬德五譯 -- 初版.-- 臺北市：文史哲，
民 95
    頁： 公分.
    ISBN 978 957-549-689-0 (平裝)

  1. 道德經 — 註釋

121.311   95019797

漢英對照老子道德經
Lao Zi Dao De Jin

譯　　　者：馬　　　德　　　五
出 版 者：文　史　哲　出　版　社
　　　　http://www.lapen.com.tw
登記證字號：行政院新聞局版臺業字五三三七號
發 行 人：彭　　　正　　　雄
發 行 所：文　史　哲　出　版　社
印 刷 者：文　史　哲　出　版　社
　　　臺北市羅斯福路一段七十二巷四號
　　　郵政劃撥帳號：一六一八○一七五
　　　電話886-2-23511028・傳真886-2-23965656

實價新臺幣二八○元

中華民國九十五年（2006）十月初版

著財權所有・侵權者必究
ISBN 978 957-549-689-0

自　序

　　老子的真實姓名究竟是什麼？他是不是真的如胡適所猜想“老或是姓”，或司馬遷所說“姓李氏，名耳，字伯陽，謚曰聃”還是另有其名老萊子？還有他究竟生於那一年，604 B.C.？比孔子或莊子是早還是晚還是同時代的人？他和他們兩個人或其中任何一個人是否真的見過了面？這些千百年來學者們見仁見智很難有個統一的結論都不是本書所要探討的問題。

　　不管如何，我們都得承認老子是我國古時候的一位傑出大思想家，而他那本唯一的曠世傑作“道德經”是部千古奇文。

　　兩千多年來，不知道有多少個千萬的人都在研究這本極為艱深難解的奇書，不但文人雅士學者政客們為它瘋狂，就是貴為帝王如漢文帝、漢景帝、梁武帝、梁簡文帝、梁元帝、周文帝、唐明皇、宋徽宗、明太祖等都曾經把這本書奉為他們的治國寶典。除了漢文帝和漢景帝外，其餘的七位皇帝還曾為”道德經”做過註釋。最近更發現了一位美國總統也把它當做一本極有價值的施政參考書，那就是備受美國民眾愛戴的美國第四十任總統朗努‧雷根（Ronald Reagan, 1911-2004）。雷根於一九八八年一月二十五日他任期內的最後一次國情咨文中，他特別引用了老子“道德經”中的第六十章“治大國若烹小鮮”這句名言作為他今後施政的警戒。由此可見老子的這本“道德經”是多麼地廣受古今中外各國人士的重視了。

　　因爲"道德經"的文字和含義是那麼地艱深，不是一般人可以一目了然的，所以注釋的人也就特別地多，有名可查的至少有一兩百種。難懂的主要原因是因爲兩千多年前的中國語法和當今的不一樣，而每一位注釋的人又都有自己的獨特見解，結果就變成了各說各話。因爲想把"道德經"原文中的每一個字都翻譯爲現代的語體文，結果，有的翻譯就會讓人讀起來不像是一個正常人所說的話語，因而一般的讀者們也就更是"人云亦云"而"不知所云"了。（至少在我所看到的很多中文譯本是如此的。）

　　"道德經"的英文譯本據說也有幾十個版本。好像絕大多數的英文譯本都是出自所謂中國通的英美人士之手。在我所能找到的十來個這類英譯本中更是差不多各說各話得可以說是離了譜了，原因是他們的書上只有英文譯文，而沒有把"道德經"的中文並列出來，所以他們可以像天馬行空一樣地隨意增刪，變成了不是"老子"的"道德經"而是"老外"的"道德經"了。

　　筆者是位年逾古稀的美籍華人，出生於江蘇，成長於臺灣，可是我的大半輩子卻又都住在美國。我不是一位學者，只是個喜歡用中英文雙語寫作的老人。我不會寫學術著作去引經據典咬文嚼字，只想以淺近易懂的中國白話文及現代的美國英文再配合著老子的原文將"道德經"的內容一段段地以三種文字對照著呈現出來，讓一般的大眾讀者們都能夠明瞭老子於兩千五百多年前在他的書裡究竟說了那些高度智慧的話語。

漢 英 對 照

老 子 道 德 經

目　錄

第一章

道可道，非常道；名可名，非常名。

無，名天地之始；有，名萬物之母。

故常無，欲以觀其妙；常有，欲以觀其徼。

此兩者，同出而異名，同謂之玄，玄之又玄，衆妙之門。

　　宇宙間的大道理是不可以用一般的語言文字表達出來的，如果可以表達出來，那就不是宇宙間的大道理了；宇宙間大道理的名字也是不可以叫得出來的，如果能夠叫得出來名字，那這個名字就不是宇宙間大道理的名字了。

　　"無"是天地間最原始的；"有"是天地間一切萬事萬物的根源。所以，我們可以從"無"中去觀察出宇宙間的奧妙，從"有"中去觀察出這個大道理的端倪。

　　"無"和"有"這兩者實在是來自同一處，不過是名稱不同而已，都是很玄妙的，真是太玄妙了，可以說是一切變化的總門。

第一章

道可道，非常道；名可名，非常名。

无，名天地之始；有，名万物之母。

故常无，欲以观其妙；常有，欲以观其徼。

此兩者，同出而异名，同谓之玄，玄之又玄，众妙之门。

　　宇宙间的大道理是不可以用一般的语言文字表达出来的，如果可以表达出来，那就不是宇宙间的大道理了；宇宙间大道理的名字也是不可以叫得出来的，如果能够叫得出来名字，那这个名字就不是宇宙间大道理的名字了。

　　"无"是天地间最原始的；"有"是天地间一切万事万物的根源。所以，我们可以从"无"中去观察出宇宙间的奥妙，从"有"中去观察出这个大道理的端倪。

　　"无"和"有"这两者实在是来自同一处，不过是名称不同而已，都是很玄妙的，真是太玄妙了，可以说是一切变化的总门。

　　If the Principle of the universe could be translated into words or letters, it would not be the Principle. If its name could be pronounced, it would not be the Principle's name.

　　"Emptiness" was the beginning of universe. "Existence" was the source of everything. Therefore, we can appreciate the mystery of the universe through the notion of "emptiness" and find the cause of universe through the concept of "existence."

　　"Emptiness" and "existence" spring from the same source but in two different names. Both are mysterious, very much mysterious. It is the key to comprehending changes.

第二章

天下皆知美之爲美，斯惡已；皆知善之爲善，斯不善已。

有無相生，難易相成，長短相形，高下相盈，音聲相和，前後相隨，恆也。

是以聖人處無爲之事，行不言之教，萬物作而弗始，生而弗有，爲而弗恃，功成而弗居。夫爲弗居，是以不去。

因爲有了個"美"的觀念，天下人都知道美的東西是美的；因而產生了個"醜"的觀念，而沒有人喜歡醜的東西。因爲有了個"善"的觀念，天下人都知道善的東西是良好的；因而產生了個"不善"的觀念，而沒有人喜歡不善的東西。

事實上，"美"和"醜"以及"善"和"不善"都是相對的，都不是絕對的。"有"和"無"也是相對的，沒有個"有"的觀念，那會有"無"？所以"有"和"無"是相對而生的。沒有個"難"的觀念，那會有"易"？所以"難"和"易"也是相互而成的。沒有個"長"的觀念，那會有"短"？所以"長"和"短"也是相互顯現的。沒有個"高"的觀念，那會有"下"？所以"高"和"下"也是相依而生的。"響音"和"弱聲"也是相互和調的，"前"和"後"也是相次而成序的。這些都是永遠如此的。

所以聖人體察天道，順應自然，處理一切世事，不以言語去教誨人民，讓萬物自然興起而不加倡導，生養萬物不據爲己有，有所作爲不自恃己能，功業成就不自我誇耀。因爲他不自我誇耀，所以能夠永垂不朽。

第二章

天下皆知美之为美，斯恶已；皆知善之为善，斯不善已。
有无相生，难易相成，长短相形，高下相盈，音声相和，前后相随，恒也。
是以圣人处无为之事，行不言之教，万物作而弗始，生而弗有，为而弗恃，功成而弗居。夫为弗居，是以不去。

　　因为有了个"美"的观念，天下人都知道美的东西是美的；因而产生了个"丑"的观念，而没有人喜欢丑的东西。因为有了个"善"的观念，天下人都知道善的东西是良好的；因而产生了个"不善"的观念，而没有人喜欢不善的东西。

　　事实上，"美"和"丑"以及"善"和"不善"都是相对的，都不是绝对的。"有"和"无"也是相对的，没有个"有"的观念，那会有"无"？所以"有"和"无"是相对而生的。没有个"难"的观念，那会有"易"？所以"难"和"易"也是相互而成的。没有个"长"的观念，那会有"短"？所以"长"和"短"也是相互显现的。没有个"高"的观念，那会有"下"？所以"高"和"下"也是相依而生的。"响音"和"弱声"也是相互和调的，"前"和"后"也是相次而成序的。这些都是永远如此的。

　　所以圣人体察天道，顺应自然，处理一切世事，不以言语去教诲人民，让万物自然兴起而不加倡导，生养万物不据为己有，有所作为不自恃己能，功业成就不自我夸耀。因为他不自我夸耀，所以能够永垂不朽。

Because of having the concept of "beauty," people appreciate the instances of the beautiful. The concept of "ugliness" is implied in the concept of "beauty," and nobody likes the ugly.

Because of having the concept of "good," people consider the good a good, and yield the concept of "bad," and nobody likes the bad.

In fact, "beauty" and "ugliness," "good" and "bad," are all relative. None of them is absolute. "Emptiness" and "existence" are relative, too. Without the concept of "existence," how could we know "emptiness?" Without the concept of "difficult," how could there be "easy?" Therefore, "difficulty" and "easiness" are relative concepts. Without the concept of "up," how could it have "down?" Therefore, "up" and "down" are relative. "Loud" and "soft," "front" and "back" are all relative. All of those are eternal.

The sage observes the Principle of the universe, following its unforced grace in managing affairs, without resort to many words of instruction but instead allowing the natural course of events to unfold. When the situation gives forth, he does not seek to possess. When it prospers, he does not claim the credit.

When the situation accomplishes, he does not add to his merit.
Because he does not add to his merit, his merit lasts forever.

第三章

不尚賢，使民不爭。

不貴難得之貨，使民不爲盜。

不見可欲，使民心不亂。

是以聖人之治，虛其心，實其腹，弱其志，強其骨。常使民無知無欲。使夫智者不敢爲也。爲無爲，則無不治。

　　如果社會上不標榜賢能之人，人民就不會相互勾心鬥角去爭做個賢能之人。

　　如果稀少難得的貨物不被寶貴，人民就不會做賊做盜去獲取稀少難得的貨物。

　　如果不去炫要那些使人們想擁有的財富，人民的心中就會很平靜。

　　所以當一個聖人去治理國家時，他就會去清淨人民的心靈，滿足人民的口服之欲，減少人民的貪婪，強壯人民的身體。使人民不作非法之事，沒有貪婪之念，使那些陰謀家們無計可施。如果一切都能按照自然無爲的法則去治理，這個國家就會大治了。

第三章

不尚贤，使民不争。

不贵难得之货，使民不为盗。

不见可欲，使民心不乱。

是以圣人之治，虚其心，实其腹，弱其志，强其骨。常使民无不敢为也。为无为，则无不治。

　　如果社会上不标榜贤能之人，人民就不会相互勾心斗角去争做个贤能之人。

　　如果稀少难得的货物不被宝贵，人民就不会做贼做盗去获取稀少难得的货物。

　　如果不去炫耀那些使人们想拥有的财富，人民的心中就会很平静。

　　所以当一个圣人去治理国家时，他就会去清净人民的心灵，满足人民的口服之欲，减少人民的贪婪，强壮人民的身体。使人民不作非法之事，没有贪婪之念，使那些阴谋家们无计可施。如果一切都能按照自然无为的法则去治理，这个国家就会大治了。

If society does not honor the worthy, people will not contend with one another in order to be a worthy.

If the hard-to-get treasure is not valued, people will not try to steal or rob in order to possess the hard-to-get treasure.

If the rich do not show off the treasure, thus attracting people wishing to possess it, people's mind will be at peace.

Therefore, when a sage governs his country, he will try to purify people's heart, feed the people well, decrease people's greed, and encourage people to have good health. Therefore, people will strive not to commit evil acts, or be greedy with desire, and conspirators will have no tricks to play. When these actions are wholly based on the universal Principle of the way of nature, the country will be in good order.

第四章

道沖，而用之或不盈，淵兮似萬物之宗。

挫其銳，解其紛，和其光，同其塵，湛兮似或存。

吾不知誰之子，帝象之先。

　　道的本體雖然是虛空的，可卻是無所不包，無微不至，好像是一切萬事萬物的宗主。

　　它不露鋒芒，解除糾擾，隱藏智慧，庸俗共存，看起來好像是不存在似的。

　　我不知道它是從那裡來的，它應該是在天地還沒有之前就有了的。

第四章

道冲，而用之或不盈，渊兮似万物之宗。

挫其锐，解其纷，和其光，同其尘，湛兮似或存。

吾不知谁之子，帝象之先。

　　道的本体虽然是虚空的，可却是无所不包，无微不至，好像是一切万事万物的宗主。

　　它不露锋芒，解除纠扰，隐藏智慧，庸俗共存，看起来好像是不存在似的。

　　我不知道它是从那里来的，它应该是在天地还没有之前就有了的。

Although the universal Principle is empty inside, it contains everything and reaches everywhere. It is as though the ancestor of all.

The Principle does not show off its brilliance, yet it can dissipate disputes, conceal its wisdom, and mix with the dust. It looks like non-existence.

I don't know from where it came. It should have been here before the heaven and earth were created.

第五章

天地不仁，以萬物爲芻狗。
聖人不仁，以百姓爲芻狗。
天地之間，其猶橐籥乎！虛而不屈，動而愈出。
多言數窮，不如守中。

　　天地創造萬物是任其自然發展，沒有偏愛，沒有好惡的感情，就好像祭祀時所用草紮的狗一樣，用完了就捽棄而沒有特別的感情。

　　聖人治理國家也是任憑人民自然發展，沒有偏愛，沒有好惡的感情，把百姓當作像祭祀時所用草紮的狗一樣，用完了就捽棄而沒有特別的感情。

　　天地之間就好像是一具風箱，雖然裡面是空的，卻能抽動後就生出風來。天地之間雖然也是空的，卻能不停地生長萬物。

　　政令繁雜，反會加速敗亡，不如固守虛靜。

第五章

天地不仁，以万物为刍狗。
圣人不仁，以百姓为刍狗。
天地之间，其犹橐钥乎！虚而不屈，动而愈出。
多言数穷，不如守中。

　　天地创造万物是任其自然发展，没有偏爱，没有好恶的感情，就好像祭祀时所用草扎的狗一样，用完了就摔弃而没有特别的感情。

　　圣人治理国家也是任凭人民自然发展，没有偏爱，没有好恶的感情，把百姓当作像祭祀时所用草扎的狗一样，用完了就摔弃而没有特别的感情。

　　天地之间就好像是一具风箱，虽然里面是空的，却能抽动后就生出风来。天地之间虽然也是空的，却能不停地生长万物。

　　政令繁杂，反会加速败亡，不如固守虚静。

Heaven and earth create the myriad things. They let each thing, each being, grow in its own natural way without partiality toward any particular thing, without fondness or disgust for any thing. It is like when straw dogs were offered as sacrificial objects and later were thrown away after sacrifice, and people would feel no fondness or disgust for them.

When a sage governs his nation, he impartially allows his people to develop themselves without feeling fondness or dislike of any individual. He treats his people the way they treat straw dogs, offered as sacrificial objects and later were thrown away after sacrifice without feeling fondness or dislike.

The void between heaven and earth is like a bellows. Although a bellows is empty, after being pumped, it expels air.

There is nothingness between heaven and earth, yet it continuously creates the myriad forms of being in that space.

Ruling with many complicated regulations only sets the nation in chaos. Governing according to the way of nature brings peace instead.

第六章

谷神不死，是謂玄牝。
玄牝之門，是爲天地根。
綿綿若存，用之不勤。

因爲具有母性的關係，虛空不停地在變化。
微妙的母性之門，實在是天地的根源。
它綿綿不斷，無窮無盡，永遠存在。

第六章

谷神不死，是谓玄牝。
玄牝之门，是为天地根。
绵绵若存，用之不勤。

因为具有母性的关系，虚空不停地在变化。
微妙的母性之门，实在是天地的根源。
它绵绵不断，无穷无尽，永远存在。

Because it is endowed with the feminine principle, emptiness is in ceaseless change.

The mysterious feminine principle is actually the source of heaven and earth.

It is continuously growing and existing forever.

第七章

天長地久。天地所以能長且久者，以其不自生，故能長生。是以聖人後其身而身先，外其身而身存。非以其無私邪故能成其私？

　　天地是長久的，永遠存在的。爲什麼天地能夠長久呢？因爲它們一切的運作都不是爲它們自己，所以能夠長久。

　　聖人效法天地，把自己放在後面，因此獲得人民的愛戴，可以保住自己的身份。這不正是因爲不自私反而可以成就自己嗎？

第七章

天长地久。天地所以能长且久者，以其不自生，故能长生。是以圣人后其身而身先，外其身而身存。非以其无私邪故能成其私？

天地是长久的，永远存在的。为什么天地能够长久呢？因为它们一切的运作都不是为它们自己，所以能够长久。

圣人效法天地，把自己放在后面，因此获得人民的爱戴，可以保住自己的身份。这不正是因为不自私反而可以成就自己吗？

Heaven and earth are everlasting so they exist forever. How can heaven and earth be everlasting? Because every function they do is not for themselves but for others. Therefore, they are everlasting.

Taking the example of heaven and earth, the sage always places himself behind others. Therefore, he wins the support of his people and his position can be preserved. Isn't it true that unselfishness achieves self-fulfillment?

第八章

上善若水，水善利萬物而不爭。處衆人之所惡，故幾於道。居善地，心善淵，與善仁，言善信，政善治，事善能，動善時。

夫唯不爭，故無尤。

聖人的行爲像水一樣。水能滋潤萬物但卻不與萬物相爭，而總是處於下位，這就是最接近宇宙中的大道理了。

聖人謙遜待人，心地純真，博施而不望報，言而有信，政績卓著，處事循序自然，行止舉動總是掌握最好時機。

因爲他不與人民相爭，所以他沒有怨尤。

第八章

上善若水，水善利万物而不争。处众人之所恶，故几于道。

居善地，心善渊，与善仁，言善信，政善治，事善能，动善时。

夫唯不争，故无尤。

圣人的行为像水一样。水能滋润万物但却不与万物相争，而总是处于下位，这就是最接近宇宙中的大道理了。

圣人谦逊待人，心地纯真，博施而不望报，言而有信，政绩卓著，处事循序自然，行止举动总是掌握最好时机。

因为他不与人民相争，所以他没有怨尤。

The sage's behavior is like that of water. Water benefits all beings, yet, it does not contend with anyone. Water always seeks the lowest level. Thus the principle of water is akin to the Principle of universe.

The sage is humble toward his people. He is pure in heart. He helps others but does not expect to receive reward. He keeps his word. His rule is well known for its goodness. He acts according to the way of nature, and he always acts at the right time.

Because he does not contend with people, he receives no complaint.

第九章

持而盈之，不如其己。
揣而銳之，不可長保。
金玉滿堂，莫之能守。
富貴而驕，自遺其咎。
功遂身退，天之道。

過分自滿自誇，不如適時而止。
過分顯露鋒芒，勢難長保久安。
即使有金玉滿堂的財富也不一定能夠永久保持。
富貴之人驕傲太過必將自取其辱。
功業完成後，應該收斂退休，這是宇宙間的大道理。

第九章

持而盈之，不如其己。
揣而锐之，不可长保。
金玉满堂，莫之能守。
富贵而骄，自遗其咎。
功遂身退，天之道。

过分自满自夸，不如适时而止。

过分显露锋芒，势难长保久安。

即使有金玉满堂的财富也不一定能够永久保持。

富贵之人骄傲太过必将自取其辱。

功业完成后，应该收敛退休，这是宇宙间的大道理。

Conceit leads to defeat. It is good to know when to cease an action.

Excess pride and self-assertion lead to downfall.

Possessing a full hall of treasure does not mean the person will keep his fortune forever.

A haughty wealthy person will be insulted.

After completing his achievements, a person may seek to retire, as this is the Principle of universe.

第十章

載營魄抱一，能無離乎？

專氣致柔，能如嬰兒乎？

滌除玄鑒，能無疵乎？

愛國治民，能無為乎？

天門開闔，能為雌乎？

明白四達，能無知乎？

精神和行體合一，能不離開宇宙間的大道理麼？

涵養本性到最柔和的境界，能和嬰兒一樣地純真麼？

洗滌雜念，能夠沒有一點瑕疵麼？

愛民治國，能夠遵守自然律則麼？

感官和外界接觸，能夠虛靜麼？

通達四方，能夠不用心機麼？

第十章

載營魄抱一，能無離乎？

專氣致柔，能如嬰兒乎？

滌除玄鑒，能無疵乎？

愛國治民，能無為乎？

天門開闔，能為雌乎？

明白四達，能無知乎？

精神和行體合一，能不離開宇宙間的大道理麼？

涵養本性到最柔和的境界，能和嬰兒一樣地純真麼？

洗滌雜念，能夠沒有一點瑕疵麼？

愛民治國，能夠遵守自然律則麼？

感官和外界接觸，能夠虛靜麼？

通達四方，能夠不用心機麼？

When soul and body are united, can one not act according to the Principle of universe?

When one prepares one's mind to meet the softest situation,

can one be soft as a baby?

When one eliminates one's unsuitable thoughts, can one make one's mind pristine?

When a sage loves his people and governs his nation, can he do it in accord with the natural Principles of the universe?

In one's contact with the world, can one be sufficiently humble?

When one befriends others, can one not resort to tricks?

第十一章

三十輻共一轂，當其無，有車之用。
埏埴以爲器，當其無，有器之用。
鑿戶牖以爲室，當其無，有室之用。
故有之以爲利，無之以爲用。

一個車輪有三十根輻條，因爲車軸當中仍有空隙，所以才能使車子轉動。

陶匠揉和泥土去做器皿，因爲器皿當中有空洞，所以才能用以盛物。

木匠開鑿門窗建造房屋，因爲房屋當中有空間，所以才能住人。

所以說"有（實體）"只能帶給人們便利，而那個"無（空隙、空洞、空間）"才給予人們用處。

第十一章

三十辐共一毂，当其无，有车之用。

埏埴以为器，当其无，有器之用。

凿户牖以为室，当其无，有室之用。

故有之以为利，无之以为用。

一个车轮有三十根辐条，因为车轴当中仍有空隙，所以才能使车子转动。

陶匠揉和泥土去做器皿，因为器皿当中有空洞，所以才能用以盛物。

木匠开凿门窗建造房屋，因为房屋当中有空间，所以才能住人。

所以说”有（实体）”只能带给人们便利，而那个”无（空隙、空洞、空间）”才给予人们用处。

Thirty spokes make a wheel; yet it is the space between spokes that makes the wheel move.

A potter fashions clay into vessels; yet it is the hollowness within the vessel that can be used to hold things.

A carpenter makes doors and windows to build a house, yet it is the rooms - the emptiness - within the building for people to live in.

Therefore, the "existence" serves people's convenience, yet

it is the "emptiness"（space, hollowness, and rooms） that
brings people practical use.

第十二章

五色令人目盲；
五音令人耳聾；
五味令人口爽；
馳騁畋獵令人心發狂；
難得之貨令人行妨。
是以聖人為腹不為目，故去彼取此。

　　過份追求五色繽紛的享受，會使人視覺遲鈍；
　　過份追求各種音樂的享受，會使人聽覺失靈；
　　過份追求口腹之欲，會使人味覺不敏；
　　過份追求狩獵之樂，會使人心狂蕩不寧；
　　過份追求金銀財寶，會使人傷風敗德。
　　所以聖人只重視內在的精神生活，衣食無虞，寧取樸質
寧靜而不求奢侈享受。

第十二章

五色令人目盲；
五音令人耳聾；
五味令人口爽；

驰骋畋猎令人心发狂；

难得之货令人行妨。

是以圣人为腹不为目，故去彼取此。

过份追求五色缤纷的享受，会使人视觉迟钝；

过份追求各种音乐的享受，会使人听觉失灵；

过份追求口腹之欲，会使人味觉不敏；

过份追求狩猎之乐，会使人心狂荡不宁；

过份追求金银财宝，会使人伤风败德。

所以圣人只重视内在的精神生活，衣食无虞，宁取朴质宁静而不求奢侈享受。

Pursuing too much colorful enjoyment will stupefy a person's sight;

Pursuing too much musical enjoyment will deafen a person's hearing;

Pursuing too much taste enjoyment will dull a person's appetite;

Pursuing too much hunting pleasure will fire a person's uncontrolled impulses;

Pursuing too much treasure will pervert a person's behavior.

Therefore, a sage seeks to realize his inner life while satisfying people's basic needs. He would prefer to live a simple life rather than a luxurious one.

第十三章

寵辱若驚，貴大患若身。

何謂寵辱若驚？

寵爲上，辱爲下。得之若驚，失之若驚，是謂寵辱若驚。

何謂貴大患若身？

吾所以有大患者，爲吾有身。

及吾無身，吾有何患？

故貴以身爲天下，若可寄天下；愛以身爲天下，若可託天下。

受寵和受辱都會使一個人驚懼不安，我們要謹防這些大患就像重視我們自己的身體健康一樣。

爲什麼受寵和受辱都會使一個人驚懼不安呢？

受寵是光榮，受寵是羞辱。當一個人受寵時他就會吃驚和不安，爲什麼別人要寵愛他？當一個人失去寵愛而受到羞辱時，他就更會驚懼，害怕災患將會到來。所以受寵和受辱都會使一個人驚懼不安。

爲什麼我們要謹防這些大患就像要重視我們自己的身體健康一樣呢？

因爲我們有自私心，所以我們會有災患。如果我們沒有自私心，那怎麼會有災患呢？

所以能夠重視自己身體健康的人才可以將天下交給他，能夠愛惜自己名譽的人才可以將天下託付給他。

第十三章

宠辱若惊，贵大患若身。

何谓宠辱若惊？

宠为上，辱为下。得之若惊，失之若惊，是谓宠辱若惊。

何谓贵大患若身？

吾所以有大患者，为吾有身。

及吾无身，吾有何患？

故贵以身为天下，若可寄天下；爱以身为天下，若可托天下。

　　受宠和受辱都会使一个人惊惧不安，我们要谨防这些大患就像重视我们自己的身体健康一样。

　　为什么受宠和受辱都会使一个人惊惧不安呢？

　　受宠是光荣，受宠是羞辱。当一个人受宠时他就会吃惊和不安，为什么别人要宠爱他？当一个人失去宠爱而受到羞辱时，他就更会惊惧，害怕灾患将会到来。所以受宠和受辱都会使一个人惊惧不安。

　　为什么我们要谨防这些大患就像要重视我们自己的身体健康一样呢？

　　因为我们有自私心，所以我们会有灾患。如果我们没有自私心，那怎么会有灾患呢？

　　所以能够重视自己身体健康的人才可以将天下交给他，能够爱惜自己名誉的人才可以将天下托付给他。

Receiving a favor or being disgraced makes a person uneasy and feared. We must prevent these events from happening as carefully as we care for our health.

How could receiving a favor or being disgraced make a person feel uneasy or be feared?

Receiving a favor is an honor. Being disgraced is an insult. When a person receives a favor, he will be surprised and feel uneasy because he does not know immediately why the favor comes to him. When a person is disgraced, he will be even more surprised and uneasy for not knowing why the disgrace befalls him and he fears disaster may follow.

Therefore, receiving a favor or being disgraced makes a person uneasy and feared.

Why must we prevent these experiences from happening as carefully as we care for our health?

Because we are self-centered, we draw disaster. If we are not self-centered, how shall we invite disaster?

Therefore, the person who takes care of his health shall be given the world to rule. The person who cares for his reputation can accept the world.

第十四章

視之不見，名曰夷；

聽之不聞，名曰希；

搏之不得，名曰微。

此三者，不可致詰，故混而爲一。

其上不皦，其下不昧；

繩繩不可名，復歸於無物；

是謂無狀之狀，無物之象，是謂恍惚。

迎之不見其首，隨之不見其後。

執古之道，以御今之有。

能知古始，是謂道紀。

用眼睛去看可是看不到的，叫做夷；

用耳朵去聽可是聽不到的，叫做希；

用手去抓可是抓不到的，叫做微。

這三者是不可言傳的，嚴格說來是混爲一談的。

往上探源，昏暗不可得；往下追逐，也是昏暗不明。

綿綿不絕，無可名狀，好像回歸到本來的無的境界；

這種無可名狀的狀況，沒有物質的現象，叫做恍惚。

面對著它，看不到它的前面；追隨著它，又看不到它的後面。

如能固守這自古就有的大道理，便可以駕馭現今的萬事萬物。

如能明瞭這自古就有的大道理，就便明瞭這大道理的規律運作了。

第十四章

视之不见，名曰夷；

听之不闻，名曰希；

搏之不得，名曰微。

此三者，不可致诘，故混而为一。

其上不皦，其下不昧；

绳绳不可名，复归于无物；

是谓无状之状，无物之象，是谓恍惚。

迎之不见其首，随之不见其后。

执古之道，以御今之有。

能知古始，是谓道纪。

　　用眼睛去看可是看不到的，叫做夷；

　　用耳朵去听可是听不到的，叫做希；

　　用手去抓可是抓不到的，叫做微。

　　这三者是不可言传的，严格说来是混为一谈的。

　　往上探源，昏暗不可得；往下追逐，也是昏暗不明。

　　绵绵不绝，无可名状，好像回归到本来的无的境界；

　　这种无可名状的状况，没有物质的现象，叫做恍惚。

　　面对着它，看不到它的前面；追随着它，又看不到它的后面。

　　如能固守这自古就有的大道理，便可以驾驭现今的万事万物。

　　如能明了这自古就有的大道理，就便明了这大道理的规律运作了。

Looking at it but seeing nothing is called *Yi*;

Listening to it but hearing nothing is called *Xi*;

Using hand to touch it but catching nothing is called *Wei*.

These three evade any definition, but merge into a single mystery.

Looking upward, there is nothing but darkness; looking downward, there is no light; yet it is ceaselessly in motion, nameless in every situation, seemingly returning to the original form of emptiness.

This ceaseless action and nameless situation is called formlessness.

Facing it, we can not see its front; chasing its back, we can find nothing.

If we can hold fast to the universal Principle which has existed since the beginning, we can easily comprehend the present myriad conditions.

Only if we understand the universal Principle can we know with certainty the particular functions of the universal Principle.

第十五章

古之善爲士者，微妙玄通，深不可識。

夫唯不可識，故強爲之容。

豫焉，若冬涉川，

猶兮，若畏四鄰。

儼兮，其若客，

渙兮，若冰之將釋。

敦兮，其若樸，

曠兮，其若谷。

混兮，其若濁。

孰能濁以止？靜之徐清。

孰能安以久？動之徐生。

保此道者，不欲盈。

夫為不盈，故能蔽不新成。

　　以前那些信奉宇宙大道的人，都是微妙神秘高深莫測，令人難以認識。

　　因為難以認識，所以我們只能從他們的外表來描述。

　　他們的態度是那麼地謹慎小心，就好像冬天在渡河。

　　他們是那麼地戒慎恐懼不敢稍有妄動，就好像四面八方都有危險。

　　他們嚴肅得又猶如做客。

　　他們熱情煥發時又像初春時的化冰。

　　他們純潔時又如同一塊未曾彫琢過的木頭。

　　他們謙遜時猶如深谷一樣的虛無。

　　他們與人相處時又能混成一片。

　　我們如何使濁水純淨？讓我們靜止下來然後它就會慢慢地變成純淨的。

　　我們如何能夠平安長久？只有把我們自己融入萬物之中

混成一片，然後就會平安長久。

遵守宇宙大道的人，是不會過份擴張求快求多的。

因為不過份擴張，萬物就會順乎自然地發展。

第十五章

古之善为士者，微妙玄通，深不可识。

夫唯不可识，故强为之容。

豫焉，若冬涉川，

犹兮，若畏四邻。

俨兮，其若客，

涣兮，若冰之将释。

敦兮，其若朴，

旷兮，其若谷。

混兮，其若浊。

孰能浊以止？静之徐清。

孰能安以久？动之徐生。

保此道者，不欲盈。

夫为不盈，故能蔽不新成。

　　以前那些信奉宇宙大道的人，都是微妙神秘高深莫测，
令人难以认识。

　　因为难以认识，所以我们只能从他们的外表来描述。

　　他们的态度是那么地谨慎小心，就好像冬天在渡河。

　　他们是那么地戒慎恐惧不敢稍有妄动，就好像四面八方

都有危险。

他们严肃得又犹如做客。

他们热情焕发时又像初春时的化冰。

他们纯洁时又如同一块未曾雕琢过的木头。

他们谦逊时犹如深谷一样的虚无。

他们与人相处时又能混成一片。

我们如何使浊水纯净？让我们静止下来然后它就会慢慢地变成纯净的。

我们如何能够平安长久？只有把我们自己融入万物之中混成一片，然后就会平安长久。

遵守宇宙大道的人，是不会过份扩张求快求多的。

因为不过份扩张，万物就会顺乎自然地发展。

The ancient masters who knew the universal Principle were so profound and subtle that they could not be easily comprehended.

Because they could not be easily comprehended, we can describe only the appearance of their meaning.

Their minds were so careful present as though they were treading lightly across an iced-over stream in the winter.

They were so alert as though enemies were coming at them from all directions.

They were so attentive as if they were treated as guests.

They were so filled with such unbounded joy as though beholding ice melting in spring.

They were so much unpretentious as though a piece of wood that had not been fashioned into anything.

They were so much modest as like the vacancy in the valley.

When they dealt with others, they could blend themselves with the group.

How can we make the muddy water clear? Let it be still and it will gradually become clear.

How can we remain peaceful and last long? Let us blend ourselves with the myriad things so as to become one with them, then, we'll remain peaceful and last long.

Those who embrace the universal Principle do not over assert themselves.

Because they do not over assert themselves, the myriad things are free to express their own nature based on the natural laws of universe.

第十六章

致虛極，守靜篤。

萬物並作，吾以觀復。

夫物芸芸，各復歸其根。

歸根曰靜，是謂復命，復命曰常。

知常曰明，不知常，妄作凶。

知常容，容乃公，公乃王，王乃天。

天乃道，道乃久，沒身不殆。

人的心靈本來是虛明的，由於私欲使之不能虛明，因此我們必須固守靜篤。

萬物不斷地生長，用我們那虛明的心靈去觀照它。

萬物雖然是如此地繁雜，最後還是會回歸到他們的根本的。

回歸根本就是沉默靜篤，恢復到自然的境界，讓生命川流不息，生生不已。

了解這個生生不已的常道，一個人的心靈便不會迷失；不了解這個常道，便會違反自然，而遭受不幸。

了解這個生生不已的常道，一個人的心靈便會開放和包容一切。能包容一切就會大公無私。大公無私萬物便會回歸自然。回歸自然也就是回歸天道。

回歸天道，才能恆久常存，永垂不朽，終身沒有危險。

第十六章

致虛极，守靜笃。

万物并作，吾以观复。

夫物芸芸，各复归其根。

归根曰静，是谓复命，复命曰常。

知常曰明，不知常，妄作凶。

知常容，容乃公，公乃王，王乃天。

天乃道，道乃久，没身不殆。

　　人的心灵本来是虚明的，由于私欲使之不能虚明，因此我们必须固守静笃。

　　万物不断地生长，用我们那虚明的心灵去观照它。

　　万物虽然是如此地繁杂，最后还是会回归到他们的根本的。

　　回归根本就是沉默静笃，恢复到自然的境界，让生命川流不息，生生不已。

　　了解这个生生不已的常道，一个人的心灵便不会迷失；不了解这个常道，便会违反自然，而遭受不幸。

　　了解这个生生不已的常道，一个人的心灵便会开放和包容一切。能包容一切就会大公无私。大公无私万物便会回归自然。回归自然也就是回归天道。

　　回归天道，才能恒久常存，永垂不朽，终身没有危险。

The human mind was empty originally. Because selfishness has filled the mind, it is not empty now. Therefore, we must return to the original state of emptiness.

With our empty mind, we observe the natural growth of the myriad forms continually.

Although the world of the myriad forms is complex, everything will return to the original natural state in the end.

Returning to the original natural state means doing and saying nothing, that is, not filling the emptiness of the mind with thought and action, but rather allowing the myriad forms to grow and express their nature ceaselessly.

In realizing the myriad forms' way of natural growth, one's mind will not be lost. If one does not realize the way, one's mind resists the natural growth of myriad forms and shall attract misfortune.

Realizing the way of the myriad forms' natural growth, one's mind comprehends and embraces the whole. Comprehending the whole requires that the mind be un-self-centered. And the un-self-centered mind is capable of bringing the myriad forms back to their natural condition. Returning to their natural condition means to be and act in accord with the universal Principle.

Only by being and acting in accord with the universal Principle can the myriad forms exist and be eternal without danger.

第十七章

太上，不知有之。
其次，親而譽之。
其次，畏之。
其次，侮之。
信不足焉，有不信焉。
悠兮其貴言。
功成，事遂，百姓皆謂：我自然。

　　最上等的君主是行不言無爲之教，人民安居樂業，各安其生，而不感到有個君主之存在。

　　次一等的君主是以仁義禮樂教化去治理人民，人民親近他也讚譽他。

　　再次一等的君主是以嚴刑峻法來控制威嚇人民，因此人民都懼怕他。

　　再次一等的君主是以權術欺詐愚弄人民，人民一有機會就會起來推翻他的政權。

　　因此一個在上位的君主如果誠信不足，人民就不會信任他。

　　有道的君主是不會輕易發號施令的，一旦發號施令，就會信守諾言。

　　當無爲而治天下太平時，人民會以爲本來就是如此的嘛，而不知道這是最上等君主的政績啊。

第十七章

太上，不知有之。

其次，亲而誉之。

其次，畏之。

其次，侮之。

信不足焉，有不信焉。

悠兮其贵言。

功成，事遂，百姓皆谓：我自然。

最上等的君主是行不言无为之教，人民安居乐业，各安其生，而不感到有个君主之存在。

次一等的君主是以仁义礼乐教化去治理人民，人民亲近他也赞誉他。

再次一等的君主是以严刑峻法来控制威吓人民，因此人民都惧怕他。

再次一等的君主是以权术欺诈愚弄人民，人民一有机会就会起来推翻他的政权。

因此一个在上位的君主如果诚信不足，人民就不会信任他。

有道的君主是不会轻易发号施令的，一旦发号施令，就会信守诺言。

当无为而治天下太平时，人民会以为本来就是如此的嘛，而不知道这是最上等君主的政绩啊。

The best ruler issued no instructions or orders, yet people lived in harmony and happiness, without being aware that a ruler existed.

Another ruler governed his people by means of virtue and rules of propriety, so people liked to approach him and praise him.

Yet another ruler governed his people by way of severe laws and cruel punishments, controlling his people and making them afraid of him.

And still another ruler governed his people by artifice and

trickery to fool them, so the people sought to overthrow him whenever they had the chance.

Therefore, when a ruler lacked honesty, people would not trust him.

A benevolent ruler would issue orders only if they were necessary. Once he issued orders, he would keep his word.

When the world was in good order because the ruler issued no instructions or orders, people would say, "This is the way it should be," not realizing that they had the best ruler in nation.

第十八章

大道廢，有仁義。
智慧出，有大僞。
六親不和，有孝慈。
國家混亂，有忠臣。

　　當社會中不上正道的行爲日盛時，一些有識之士便會提出了仁義道德的觀念，要人們走上正道。

　　當一些主政者以聰慧智巧治國時，一些人們便會勾心鬥角以各種虛僞的方式來迎取當政者的注意。

　　當人們的倫常親屬關係發生了變化時，於是就會有人訂定出孝慈的禮制來匡正人心。

　　當國家發生了昏亂不安時，一些忠君愛國的臣子們便會出來不顧一切力挽狂瀾。

第十八章

大道废，有仁义。

智慧出，有大伪。

六亲不和，有孝慈。

国家混乱，有忠臣。

　　当社会中不上正道的行为日盛时，一些有识之士便会提出了仁义道德的观念，要人们走上正道。

　　当一些主政者以聪慧智巧治国时，一些人们便会勾心斗角以各种虚伪的方式来迎取当政者的注意。

　　当人们的伦常亲属关系发生了变化时，于是就会有人订定出孝慈的礼制来匡正人心。

　　当国家发生了昏乱不安时，一些忠君爱国的臣子们便会出来不顾一切力挽狂澜。

When society was not on the right course, some knowledgeable people would raise moral questions to do with benevolence and righteousness.

When a ruler governed his nation with wisdom and intelligence, some people would try every trick to win the ruler's attention.

When the family relationship was not in harmony, some people would perform filial and kind gestures hoping the normal family relationship would be restored.

When the nation fell into chaos, the loyal ministers would try every measure they could to save their nation.

第十九章

絕聖棄智，民利百倍。
絕仁棄義，民復孝慈。
絕巧棄利，盜賊無有。
此三者，以爲文不足；
故今有所屬：見素抱樸，少私寡欲。

　　一般的所謂"聖"和"智"，嚴格說來只能使人民爭逐虛名，導致混亂。如果我們能夠棄絕"聖"和"智"的虛名，老百姓反而可以獲得更多實際上的好處。

　　同樣的道理，一般的所謂"仁"和"義"，嚴格說來不過是束縛人類天性的，所以這種束縛人類天性的觀念必須棄絕，而去恢復人類本來就有的孝慈本性。

　　一般的所謂"巧"和"利"，更是要不得的。如果能夠拋棄機巧和贏利的想法，就不會再有盜賊這類事情的發生了。

　　以上三者都是徒具虛名而不能使天下太平的。

　　人們必須保定這個宗旨：要儉樸，減少個人的私欲。

第十九章

绝圣弃智，民利百倍。

绝仁弃义，民复孝慈。

绝巧弃利，盗贼无有。

此三者，以为文不足；

故今有所属：见素抱朴，少私寡欲。

　　一般的所谓"圣"和"智"，严格说来只能使人民争逐虚名，导致混乱。如果我们能够弃绝"圣"和"智"的虚名，老百姓反而可以获得更多实际上的好处。

　　同样的道理，一般的所谓"仁"和"义"，严格说来不过是束缚人类天性的，所以这种束缚人类天性的观念必须弃绝，而去恢复人类本来就有的孝慈本性。

　　一般的所谓"巧"和"利"，更是要不得的。如果能够抛弃机巧和赢利的想法，就不会再有盗贼这类事情的发生了。

　　以上三者都是徒具虚名而不能使天下太平的。

　　人们必须保定这个宗旨：要俭朴，减少个人的私欲。

So-called "sagacity" and "wisdom" are but vain ideals that people try hard to pursue but actually cause chaos in society. If we could abolish such vain ideals, people would be rewarded with practical benefits in return.

For the same reason, so-called "humanity" and "morality"

restrict people's true nature. Therefore, those ideals of humanity and morality must be abolished, and returning to people's true nature of paying due respect to parents and giving deep love to children.

So-called "artful contrivances" and "scheming for gain" are not needed. If we could discard those, there would be no thieves or robbers.

The above three kinds of things are but mere ornaments which will not bring a nation good order.

People must hold fast to the following principles: be simple, live with few personal desires.

第二十章

絕學無憂。

唯之與阿，相去幾何？

善之與惡，相去何若？

人之所畏，不可不畏。

荒兮其未央哉！

衆人熙熙，如享太牢，如春登臺。

我獨泊兮其未兆，如嬰兒之未孩。

儽儽兮，若無所歸。

衆人皆有餘，而我獨若遺。

我愚人之心也哉沌沌兮！

俗人昭昭，我獨昏昏。

俗人察察，我獨悶悶。

澹兮其若海，飂兮若無止。

衆人皆有以，而我獨頑且鄙。

我獨異於人，而貴食母。

棄絕那紛擾人心的一般知識，我們就不會有煩惱了。

一般所謂恭敬的回答是＂唯＂，而那不恭敬的回答是＂阿＂，事實上這兩者又有什麼分別呢？

一般人的所謂＂善＂與＂惡＂事實上也不是絕對的，是因人因地因時而不同的。

當然啦，那一般人所懼怕的我也是懼怕的。

一般人所懼怕的事情委實太多了，根本沒有一個原則。

一般人熙熙攘攘的往來奔走，無非是爲了追求豐盛的酒宴以及像登臺遠眺春天美景的喜樂。

我和他們不同。我淡泊恬靜，我希望像個不懂喜樂的小嬰兒。

我也好像是一個到處漫遊沒有個目的地的旅客。

一般人是貪得無厭有了還想更多，而我卻空空地也沒有遺失什麼。

難道我的心真是如同一個愚笨的人一樣地渾渾噩噩的麼！

一般人自認爲聰明顯耀，可我表現昏沉。

一般人自認爲觀察仔細，可我閉塞不語。

事實上，我的心淡泊得像大海一樣地深沉，我的精神是自由自在得像空中的風一樣地飄揚無蹤。

一般人自認爲精明能幹，我卻是遲鈍鄙陋。

我和他們是不同的，因爲我所重視的是像嬰兒一樣的返樸歸真！

第二十章

绝学无忧。

唯之与阿，相去几何？

善之与恶，相去何若？

人之所畏，不可不畏。

荒兮其未央哉！

众人熙熙，如享太牢，如春登台。

我独泊兮其未兆，如婴儿之未孩。

儽儽兮，若无所归。

众人皆有余，而我独若遗。

我愚人之心也哉沌沌兮！

俗人昭昭，我独昏昏。

俗人察察，我独闷闷。

澹兮其若海，飂兮若无止。

众人皆有以，而我独顽且鄙。

我独异于人，而贵食母。

弃绝那纷扰人心的一般知识，我们就不会有烦恼了。

一般所谓恭敬的回答是"唯"，而那不恭敬的回答是"阿"，事实上这两者又有什么分别呢？

一般人的所谓"善"与"恶"事实上也不是绝对的，是因人因地因时而不同的。

当然啦，那一般人所惧怕的我也是惧怕的。

一般人所惧怕的事情委实太多了，根本没有一个原则。

一般人熙熙攘攘的往来奔走，无非是为了追求丰盛的酒宴以及像登台远眺春天美景的喜乐。

我和他们不同。我淡泊恬静，我希望像个不懂喜乐的小婴儿。

我也好像是一个到处漫游没有个目的地的旅客。

一般人是贪得无厌有了还想更多，而我却空空地也没有遗失什么。

难道我的心真是如同一个愚笨的人一样地浑浑噩噩的么

一般人自认为聪明显耀，可我表现昏沉。

一般人自认为观察仔细，可我闭塞不语。

事实上，我的心淡泊得像大海一样地深沉，我的精神是自由自在得像空中的风一样地飘扬无踪。

一般人自认为精明能干，我却是迟钝鄙陋。

我和他们是不同的，因为我所重视的是像婴儿一样的返朴归真！

Abandon common knowledge which can only disturb and complicate people, then we shall have no sorrow.

The respectful answer is "*wei*" and the disrespectful answer is "*ah*." As a matter of fact, there is no fundamental difference between the two.

The so-called "good" and "bad" are not absolute, as what is good in one situation can be bad in another situation, or what is good for one person in a given situation may be bad for another person in the same situation.

Of course, I have the same fears that most people do.

There are just too many things that people fear and no principle which guides them to know properly what they should fear and what they should not.

Most people who are busy all the time are but looking for a big feast or something such as enjoying the nice view of a mountain scenery in the spring.

I am different from these people. I am alone, listless and still. I wish I were an infant who does not know how to smile or dislike.

I am also like a lone traveler who wanders around without a destination.

Most people who have plenty are still greedy for more, while I have nothing and seemingly have not lost anything.

Am I really acting like a stupid man who knows nothing?

Most people think they are smart and clever, but I would like to be benighted.

Most people think they observe things carefully, but I remain very quiet.

As a matter of fact, my heart is as deep as a sea, as free as awind that blows everywhere.

Most people think they are capable, but I look dull.

I am totally different from them. All I wish is return to the simplicity like an infant in the beginning.

第二十一章

孔德之容，惟道是從。

道之爲物，惟恍惟惚。

惚兮恍兮，其中有象。

恍兮惚兮，其中有物。

窈兮冥兮，其中有精。

其精甚眞，其中有信。

自古及今，其名不去，以閱衆甫。

吾何以知衆甫之狀哉！以此。

　　道爲德的本體，所以有大德的人，必須遵守天道。

　　天道是亦虛亦實、似有若無的。

　　儘管如此，它仍能生養萬種形象及萬種物體。

　　它的體性是如此地精微深遠。

　　這種精微深遠的體性是確實可信的。

　　從古到今，任何地方都有它的存在，任何時候都有它的作用。

　　透過它我就可以觀察萬物的初始，進而了解萬物的本源。

第二十一章

孔德之容，惟道是从。

道之为物，惟恍惟惚。

惚兮恍兮，其中有象。

恍兮惚兮，其中有物。

窈兮冥兮，其中有精。

其精甚真，其中有信。

自古及今，其名不去，以阅众甫。

吾何以知众甫之状哉！以此。

道为德的本体，所以有大德的人，必须遵守天道。

天道是亦虚亦实、似有若无的。

尽管如此，它仍能生养万种形象及万种物体。

它的体性是如此地精微深远。

这种精微深远的体性是确实可信的。

从古到今，任何地方都有它的存在，任何时候都有它的作用。

透过它我就可以观察万物的初始，进而了解万物的本源。

The essence of virtue is the universal Principle; therefore, all people of virtue live in harmony with the universal Principle.

The universal Principle is indefinable and impalpable, elusive and intangible.

Even so, it yields myriad forms of things.

Its substance is exceedingly fine and permeates everywhere.

The delicate substance of the universal Principle is dependable.

From the beginning, it contains everything everywhere and exists throughout all time.

Through it, I observe the origination of the myriad forms, and understand the source of them.

第二十二章

曲則全，枉則直，

窪則盈，敝則新，

少則得，多則惑。

是以聖人抱一爲天下式。

不自見，故明；

不自是，故彰；

不自伐，故有功；

不自矜，故長。

夫唯不爭，故天下莫能與之爭。

古之所謂曲則全者，豈虛言哉！

誠全而歸之。

委屈反而能夠保全，彎曲反而能夠伸直，

虛空後才能夠盈滿，破舊後才能夠生新，

少做了反能有所得，多做了反而招惑亂。

所以聖人抱定遵守天道的宗旨，作爲處理萬事萬物的準則。

不去特意自我表現，反而會特別炫明；

不去特意自以爲是，反而會特別昭彰；

不去特意自我誇張，反而會更有功勞；

不去特意自恃己能，反而會更形長久。

因爲不去和人相爭，所以沒有人可以爭得過他。

古人之所說"委屈反而能夠保全"難道只是一個空洞的理論麼！

它不但可以保全自身，更可以保全萬物，使萬物都歸於大道。

第二十二章

曲则全，枉则直，

洼则盈，敝则新，

少则得，多则惑。

是以圣人抱一为天下式。

不自见，故明；

不自是，故彰；

不自伐，故有功；

不自矜，故长。

夫唯不争，故天下莫能与之争。

古之所谓曲则全者，岂虚言哉！

诚全而归之。

委屈反而能够保全，弯曲反而能够伸直，

虚空后才能够盈满，破旧后才能够生新，

少做了反能有所得，多做了反而招惑乱。

所以圣人抱定遵守天道的宗旨，作为处理万事万物的准则。

不去特意自我表现，反而会特别炫明；

不去特意自以为是，反而会特别昭彰；

不去特意自我夸张，反而会更有功劳；

不去特意自恃己能，反而会更形长久。

因为不去和人相争，所以没有人可以争得过他。

古人之所说"委屈反而能够保全"难道只是一个空洞的理论么！

它不但可以保全自身，更可以保全万物，使万物都归于大道。

Stoop in order to accomplish; bend in order to become straight;

Empty yourself in order to become full; wear out in order to be renewed;

Do little in order to get more; doing more will get confused.

Therefore, the sage embraces the Principle of universe and

does everything in accordance with the Principle.

Do not reveal yourself much, thus you will be luminous;

Do not define yourself much, thus you will be distinct;

Do not boast, thus you will be given credit;

Do not show off your ability, thus you will endure.

Because you do not argue with others, nobody is able to win over you.

So an old saying, "stoop in order to accomplish," was not idle words!

Abiding by these principles, you will not only preserve yourself, but also preserve the myriad forms, and make them return to the Principle of universe.

第二十三章

希言自然。

故飄風不終朝，驟雨不終日。

孰為此者？天地。

天地尚不能久，而況於人乎！

故從事於道者，道者同於道；

德者同於德，失者同於失。

同於道者，道亦樂得之。

同於德者，德亦樂得之。

同於失者，失亦樂得之。

信不足焉，有不信焉。

天下萬物自然生長是不需要任何言語來教導的。

狂風的吹刮不會持續整天,暴雨也不會整天地下個不停。

是誰在主持這些事情的呢？是天地。

既然天地也不能使狂風和暴雨整天吹刮和下個不停,那些人爲的殘酷暴政怎麼可以永遠呢？

那些遵守大道的人,是永遠會與遵守大道的人士相處在一起的。

遵守大德的人,是永遠會與遵守大德的人士相處在一起的。

而不遵守大道和大德的人是永遠會與不遵守大道和大德的人士相處在一起的。

同樣的道理,喜歡與遵守大道的人相處,那些遵守大道的人也會樂意和他們相處。

喜歡與遵守大德的人相處,那些遵守大德的人也會樂意和他們相處。

而不遵守大道和大德的人,也是樂意和不遵守大道和大德的人士相處在一起的。

當你的信賴不足時,別人也不會信賴你的。

第二十三章

希言自然。

故飄風不終朝，驟雨不終日。

孰為此者？天地。

天地尚不能久，而况于人乎！

故从事于道者，道者同于道；

德者同于德，失者同于失。

同于道者，道亦乐得之。

同于德者，德亦乐得之。

同于失者，失亦乐得之。

信不足焉，有不信焉。

天下万物自然生长是不需要任何言语来教导的。

狂风的吹刮不会持续整天，暴雨也不会整天地下个不停。

是谁在主持这些事情的呢？是天地。

既然天地也不能使狂风和暴雨整天吹刮和下个不停，那些人为的残酷暴政怎么可以永远呢？

那些遵守大道的人，是永远会与遵守大道的人士相处在一起的。

遵守大德的人，是永远会与遵守大德的人士相处在一起的。

而不遵守大道和大德的人是永远会与不遵守大道和大德的人士相处在一起的。

同样的道理，喜欢与遵守大道的人相处，那些遵守大道的人也会乐意和他们相处。

喜欢与遵守大德的人相处，那些遵守大德的人也会乐意和他们相处。

而不遵守大道和大德的人，也是乐意和不遵守大道和大德的人士相处在一起的。

当你的信赖不足时，别人也不会信赖你的。

Nature expresses few words, yet myriad forms emerge from silence by themselves.

A whirlwind seldom lasts a whole day, neither does a rainstorm.

Who makes these phenomena happen? The answer is heaven and earth.

Since heaven and earth can not make a whirlwind or a rainstorm last a whole day, how can a cruel rule last forever?

Those who abide by the Principle of universe are always with people who abide by the Principle of universe.

Those who abide by the great virtue are always with people who abide by the great virtue.

And those who do not abide by the universal Principle and the great virtue are always with the people who do not abide by the universal Principle and the great virtue.

Because you enjoy being with people who abide by the Principle of universe, these people enjoy being with you, too.

Because you enjoy being with people who abide by the great virtue, these people enjoy being with you, too.

If you enjoy being with people who do not abide by the Principle of universe and great virtue, these people enjoy being with you, too.

Those people who do not have enough faith will not be able

to inspire faith from others.

第二十四章

企者不立。
跨者不行。
自見者不明。
自是者不彰。
自伐者無功。
自矜者不長。
其於道也，曰：餘食贅行，
物或惡之，故有道者不處。

　　墊起腳尖想站得比別人高是站不穩的。
　　邁開大步想走得比別人快是走不遠的。
　　自我表現的人是無法顯揚的。
　　自以爲是的人是無法昭張的。
　　自我誇耀的人是難以見功的。
　　自我矜負的人是無法長久的。
　　這些行爲就好像是剩茶剩飯一樣地不受重視。
　　所以有道之士是不會如此的。

第二十四章

企者不立。

跨者不行。

自见者不明。

自是者不彰。

自伐者无功。

自矜者不长。

其于道也，曰：余食赘行，

物或恶之，故有道者不处。

　　垫起脚尖想站得比别人高是站不稳的。

　　迈开大步想走得比别人快是走不远的。

　　自我表现的人是无法显扬的。

　　自以为是的人是无法昭张的。

　　自我夸耀的人是难以见功的。

　　自我矜负的人是无法长久的。

　　这些行为就好像是剩茶剩饭一样地不受重视。

　　所以有道之士是不会如此的。

The person who stands on tiptoe hoping to be taller than others will not be steady.

The person who takes longer strides hoping to be faster than others will not walk very far.

The person who shines light upon himself will not illuminate others.

The person who likes to justify himself will not be distinguished.

The person who likes to give himself credit will not be given credit by others.

The person who likes to pride himself will not be long remembered.

Those behaviors are like leftovers, not worthwhile.

Therefore, the followers of the Principle of universe avoid them.

第二十五章

有物混成，先天地生。

寂兮寥兮，獨立不改，周行而不殆，可以爲天下母。

吾不知其名，字之曰道，強爲之名曰大。

大曰逝，逝曰遠，遠曰反。

故道大、天大、地大、人亦大。

域中有四大，而人居其一焉。

人法地，地法天，天法道，道法自然。

有一種東西在天地還沒有產生之前就渾然成形了。

它無聲無息，孤獨存在，運行不息，它可以稱之爲宇宙萬物的根源。

我不知道它的名字，只好姑且稱它爲 "道" ，或者也可以勉強地稱它爲 "大" 。

它流行不息，傳之久遠，然後又回到根源。

宇宙中有四樣最偉大，那就是道、天、地、人。

人是四樣中之一種。

人應該效法地的無私之載，地則效法天的無私之覆，天又效法道的無私之生，而道則是完全出於自然的本性。

第二十五章

有物混成，先天地生。

寂兮寥兮，独立不改，周行而不殆，可以为天下母。

吾不知其名，字之曰道，强为之名曰大。

大曰逝，逝曰远，远曰反。

故道大、天大、地大、人亦大。

域中有四大，而人居其一焉。

人法地，地法天，天法道，道法自然。

有一种东西在天地还没有产生之前就浑然成形了。

它无声无息，孤独存在，运行不息，它可以称之为宇宙万物的根源。

我不知道它的名字，只好姑且称它为"道"，或者也可以勉强地称它为"大"。

它流行不息，传之久远，然后又回到根源。

宇宙中有四样最伟大，那就是道、天、地、人。

人是四样中之一种。

人应该效法地的无私之载，地则效法天的无私之覆，天又效法道的无私之生，而道则是完全出于自然的本性。

2222222222222222

A mysterious thing has been there since before the creation of Heaven and Earth.

It makes no sound, exists by itself, in ceaseless cyclic motion without end. It may be called the origin of universe.

I don't know its name. If I must name it, it may be called Dao （Principle of universe） or Da （greatness）.

It circles endlessly, pervading everywhere, always returning to the original source.

There are four great things in the universe, namely: Dao, Heaven, Earth, and People.

"People" is one of the four.

People's ways are conditioned by the unselfish ways of Earth.

The ways of Earth are conditioned by those of Heaven.

The ways of Heaven are conditioned by those of Dao.

Dao in turn models itself after nature.

第二十六章

重爲輕根，靜爲躁君。
是以聖人終日行不離輜重。
雖有榮觀，燕處超然。
奈何萬乘之主，而以身輕天下？
輕則失本，躁則失君。

穩重是輕浮的根本，清靜爲躁動之剋星。

所以聖人的終日行爲都是離不開穩重和清靜的原則。

雖然有富貴尊榮的物質享受，他仍能泰然自若地遵守他的原則。

一個擁有萬乘兵車的大國君主，怎麼可以爲瑣碎小事而輕浮躁動呢？

輕浮就不會穩重，躁動就不會清靜。

第二十六章

重为轻根，静为躁君。

是以圣人终日行不离辎重。

虽有荣观，燕处超然。

奈何万乘之主，而以身轻天下？

轻则失本，躁则失君。

稳重是轻浮的根本，清静为躁动之克星。

所以圣人的终日行为都是离不开稳重和清静的原则。

虽然有富贵尊荣的物质享受，他仍能泰然自若地遵守他的原则。

一个拥有万乘兵车的大国君主，怎么可以为琐碎小事而轻浮躁动呢？

轻浮就不会稳重，躁动就不会清静。

Gravity is the foundation of levity.

Serenity is the master of haste.

Therefore, the sage manages everything all day long never going beyond of the principle of gravity and serenity.

Although he is surrounded by honor and glory, he always remains steady in his principle, acting leisurely and calmly.

How can the leader of a large kingdom behave hastily and frivolously for some unimportant affairs?

With levity, a person will lose his gravity. Acting hastily, a person will lose his serenity.

第二十七章

善行無轍跡，
善言無瑕讁，
善數不用籌策，
善閉無關楗而不可開，
善結無繩約而不可解。
是以聖人常善救人，故無棄人。
常善救物，故無棄物。
是謂襲明。
故善人者，不善人之師，
不善人者，善人之資。
不貴其師，不愛其資，雖智大迷，是謂要妙。

聖人的一切行為都能夠順應自然，所以沒有任何痕跡可留。

聖人是不會妄言的，因此他的話語是沒有瑕疵的。

聖人處世無心無智，因此不需要籌劃計算。

聖人誠信待人，不要門戶拘限，群眾也不會背棄他。

聖人謙沖爲懷，不要繩索捆綁，群眾也不會背棄他。

聖人教化人民，使各人都能盡其才，而無遺棄之人。

聖人珍惜萬物，使各物都能盡其用，沒有遺棄之物。

這叫做順應天道。

所以善人是不善人的老師。

不善人又是善人的借鏡，用以警惕自己。

因此，如果不善人不尊重善人，或者物不能盡其用了，那麼這個人雖然人人都說他聰明，可是我仍認爲他是個痴迷愚笨之人。這些道理是很玄妙的。

第二十七章

善行无辙迹，

善言无瑕谪，

善数不用筹策，

善闭无关楗而不可开，

善结无绳约而不可解。

是以圣人常善救人，故无弃人。

常善救物，故无弃物。

是谓袭明。

故善人者，不善人之师，

不善人者，善人之资。

不贵其师，不爱其资，虽智大迷，是谓要妙。

　　圣人的一切行为都能够顺应自然，所以没有任何痕迹可留。

　　圣人是不会妄言的，因此他的话语是没有瑕疵的。

　　圣人处世无心无智，因此不需要筹划计算。

　　圣人诚信待人，不要门户拘限，群众也不会背弃他。

　　圣人谦冲为怀，不要绳索捆绑，群众也不会背弃他。

　　圣人教化人民，使各人都能尽其才，而无遗弃之人。

　　圣人珍惜万物，使各物都能尽其用，没有遗弃之物。

　　这叫做顺应天道。

　　所以善人是不善人的老师。

　　不善人又是善人的借镜，用以警惕自己。

　　因此，如果不善人不尊重善人，或者物不能尽其用了，那么这个人虽然人人都说他聪明，可是我仍认为他是个痴迷愚笨之人。这些道理是很玄妙的。

The sage acts in accord with the natural laws; therefore, he leaves no trail to be followed.

The sage never tells untruth; therefore, his speech is flawless.

The sage manages affairs without tricks; therefore, he does not need to calculate deliberately in advance.

The sage takes good care of his people. He does not need a

door or other barrier to keep his people away from him.

The sage is humble with people. He does not need a rope to bind his people to him, for nobody will desert him.

The sage rules his people in such a way as to inspire every person do his best, leaving no talent neglected.

The sage treasures everything; so nothing is wasted.

This is called going with the Principle of universe.

Therefore, a good man is the teacher of a bad man, and a bad man is the lesson for a good man not to learn.

If the bad man does not respect the good man or he wastes something of value, although somebody may say he is a wise person, I still consider him a stupid man. To know this theory is very mysterious.

第二十八章

知其雄，守其雌，爲天下谿。

爲天下谿，常德不離，復歸於嬰兒。

知其白，守其黑，爲天下式。

爲天下式，常德不忒，復歸於無極。

知其榮，守其辱，爲天下谷。

爲天下谷，常德乃足，復歸於樸。

樸散則爲器。

聖人用之，則爲官長。

故大制不割。

知道剛強雄健，但不與人爭強好勝，而寧願處於柔弱的地位，就好像是谿谷間的水道般地屈居下方。

好像是谿谷間的水道般地屈居下方，常德才不會離散，而復歸於嬰兒般的純真。

知道光明的好處，但仍寧願處於陰暗的地方，作爲天下人共同遵守的模式。

因爲是天下人共同遵守的模式，常德才不會變動，而又回歸於道的境界。

知道榮耀是一般人所喜愛的，然仍能忍辱負重，虛懷若谷。

因爲虛懷若谷，常德才能充足，而又可回到純樸的狀態。

等到純樸的狀態沒有了，天下的各種名利爭論就會產生了。

聖人善用簡樸的方式去處理政務，所以是萬民的好領袖。

因此說穿了，治國之道就是簡樸純真而不可以用陰謀詭計。

第二十八章

知其雄，守其雌，为天下溪。

为天下溪，常德不离，复归于婴儿。

知其白，守其黑，为天下式。

为天下式，常德不忒，复归于无极。

知其荣，守其辱，为天下谷。

为天下谷，常德乃足，复归于朴。

朴散则为器。

圣人用之，则为官长。

故大制不割。

　　知道刚强雄健，但不与人争强好胜，而宁愿处于柔弱的
地位，就好像是溪谷间的水道般地屈居下方。

　　好像是溪谷间的水道般地屈居下方，常德才不会离散，
而复归于婴儿般的纯真。

　　知道光明的好处，但仍宁愿处于阴暗的地方，作为天下
人共同遵守的模式。

　　因为是天下人共同遵守的模式，常德才不会变动，而又
回归于道的境界。

　　知道荣耀是一般人所喜爱的，然仍能忍辱负重，虚怀若
谷。

　　因为虚怀若谷，常德才能充足，而又可回到纯朴的状态。

　　等到纯朴的状态没有了，天下的各种名利争论就会产生
了。

　　圣人善用简朴的方式去处理政务，所以是万民的好领袖。

　　因此说穿了，治国之道就是简朴纯真而不可以用阴谋诡
计。

Knowing the strength of manhood, yet choosing not to fight
against others, instead taking the weak position, one becomes
like the river between two valleys.

In so doing, virtue will not leave him and everything will be returned to its original condition as pure as a baby.

Knowing the bright yet still remaining in the darkness is a model for the people to follow.

In so doing, virtue will not leave him and everything will return to Dao （Principle of universe）.

Knowing the glory which everybody loves yet still taking the disgrace is as empty as a valley.

In so doing, virtue will be plentiful enough to retain the situation of emptiness.

When the emptiness disappears, people will start to pursue the benefits of positions and power.

The sage uses the way （Dao） of simplicity to conduct the political affairs, so he is a good ruler.

So, the best way of ruling a nation is by acting according to the policy of simplicity, never being devious, nor cheating.

第二十九章

將欲取天下而爲之，吾見其不得已。

天下神器，不可爲也，不可執也。

爲者敗之，執者失之。

故物或行或隨，或歔或吹，或強或羸，或載或隳。

是以聖人去甚、去奢、去泰。

　　治理天下應該順乎自然的法則，如果以違背自然的手段去治理，是行不通的。

　　治理天下是件玄妙的事情，不能一意孤行，也不可固執己見。

　　一意孤行一定失敗，固執己見也將失敗。

　　人的秉性各有不同，有人積極，有人消極，有人喜歡溫暖，有人喜歡涼爽，有人剛強，有人柔弱，有人日處安寧之中，有人日在危殆之地。

　　因此聖人之治理天下，是順應各人的秉性，以自然無爲的方式去處理一切事務，除去各種極端的過份措施，而達到不棄人不棄物的境界。

第二十九章

將欲取天下而为之，吾见其不得已。

天下神器，不可为也，不可执也。

为者败之，执者失之。

故物或行或随，或歔或吹，或强或羸，或载或隳。

是以圣人去甚、去奢、去泰。

　　治理天下应该顺乎自然的法则，如果以违背自然的手段去治理，是行不通的。

　　治理天下是件玄妙的事情，不能一意孤行，也不可固执己见。

　　一意孤行一定失败，固执己见也将失败。

人的秉性各有不同，有人积极，有人消极，有人喜欢温暖，有人喜欢凉爽，有人刚强，有人柔弱，有人日处安宁之中，有人日在危殆之地。

因此圣人之治理天下，是顺应各人的秉性，以自然无为的方式去处理一切事务，除去各种极端的过份措施，而达到不弃人不弃物的境界。

Ruling a country must be based on the principle of nature. Governing in a way not according to nature will not work.

Ruling a country is a mysterious thing. It can not be done dogmatically. Nor can it be done stubbornly.

Doing it dogmatically will cause failure, and doing it stubbornly will cause failure too.

People's characteristics are different. Some people are positive and some negative, some people prefer warm and some cool, some people are strong and some weak, some people are in peace and some in danger.

Therefore, when a sage rules a country, he handles things based on people's unique characteristics in the most natural way, deleting the extreme and superfluous, letting no talent to be neglected and no material to be wasted.

第三十章

以道佐人主者，不以兵強天下，其事好還。

師之所處，荊棘生焉；
大軍之後，必有凶年。
善有果而已，不敢以取強。
果而勿矜，果而勿伐，果而勿驕。
果而不得已，果而勿強。
物壯則老，是謂不道，不道早已。

　　以宇宙大道去輔助國君的人，是不主張用強兵黷武去耀武揚威的，因為用武力去征服是會遭受報復的。

　　大軍所過之處，必定是一片荒涼荊棘遍野。

　　大戰過後，必定是瘟疫流行飢荒連年。

　　戰爭的目的是救濟災難，不是用來逞強黷武。

　　達到目的後，不要自負其能、自誇其功、自傲其才。用兵是不得已的，而不是去逞強黷武的。

　　嚴格說來，盛極必衰，用兵戰勝也是不符合宇宙大道的。凡是不符合宇宙大道的事情都會很快就消逝的。

第三十章

以道佐人主者，不以兵強天下，其事好还。
师之所处，荆棘生焉；
大军之后，必有凶年。
善有果而已，不敢以取强。
果而勿矜，果而勿伐，果而勿骄。
果而不得已，果而勿强。

物壮则老，是谓不道，不道早已。

以宇宙大道去辅助国君的人，是不主张用强兵黷武去耀武扬威的，因为用武力去征服是会遭受报复的。

大军所过之处，必定是一片荒凉荆棘遍野。

大战过后，必定是瘟疫流行饥荒连年。

战争的目的是救济灾难，不是用来逞强黷武。

达到目的后，不要自负其能、自夸其功、自傲其才。用兵是不得已的，而不是去逞强黷武的。

严格说来，盛极必衰，用兵战胜也是不符合宇宙大道的。凡是不符合宇宙大道的事情都会很快就消逝的。

The person who uses the way of nature to assist his ruler does not advocate invading other nations by force of arms, for invading tends to rebound.

Wherever an army marches, the thorns and brambles grow.

In the wake of a great war, scarcity and famine follow.

The purpose of using the force of arms is to defend the people in the area with calamity, not showing the strong force.

After attaining its purpose, the victorious state should not self-admire, or gloat over its merit, or be proud of its talent. To use force of arms is something one resorts to only when one has no other choice, not to show military strength.

Throughout nature, once a thing attains the peak of its maturity, it becomes weak. Using force of arms to win is not the

Principle of the universe, for such dominance will soon disappear.

第三十一章

夫佳兵者不祥之器，物或惡之，故有道者不處。
君子居則貴左，用兵則貴右，
兵者不祥之器，非君子之器，
不得已而用之，恬淡爲上。
勝而不美，而美之者，是樂殺人。
夫樂殺人者，則不可得志於天下矣。
吉事尚左，凶事尚右。
偏將軍居左，上將軍居右。言以喪禮處之
殺人之衆，以悲哀泣之，戰勝以喪禮處之。

　　鋒利的兵器是不吉祥的東西，人民都討厭它，所以信奉正道的人是不用它的。

　　在平時生活上，君子是以左邊爲尊貴，可是在用兵的時候，則以右邊爲大。

　　由於兵器不是吉祥之物，一個君子是不喜歡用它的。

　　實在不得已而非用不可時，應該淡然處之。

　　戰勝了也不是件美好的事，如果讚美戰勝的成果，那便是喜歡殺人了。

　　喜歡以殺人爲樂的人，是不可以君臨天下的。

　　喜慶的事是以左邊爲尊貴，喪葬的事是以右邊爲尊貴。

在軍中，副將是在左邊，主將是在右邊，這就是說用喪葬之禮來對待軍事。

殺人多了，應該以悲慟的心情去哀悼，戰勝了要以處理喪禮的方式去辦理。

第三十一章

夫佳兵者不祥之器，物或恶之，故有道者不处。

君子居则贵左，用兵则贵右，

兵者不祥之器，非君子之器，

不得已而用之，恬淡为上。

胜而不美，而美之者，是乐杀人。

夫乐杀人者，则不可得志于天下矣。

吉事尚左，凶事尚右。

偏将军居左，上将军居右。言以丧礼处之

杀人之众，以悲哀泣之，战胜以丧礼处之。

锋利的兵器是不吉祥的东西，人民都讨厌它，所以信奉正道的人是不用它的。

在平时生活上，君子是以左边为尊贵，可是在用兵的时候，则以右边为大。

由于兵器不是吉祥之物，一个君子是不喜欢用它的。

实在不得已而非用不可时，应该淡然处之。

战胜了也不是件美好的事，如果赞美战胜的成果，那便是喜欢杀人了。

喜欢以杀人为乐的人，是不可以君临天下的。

喜庆的事是以左边为尊贵，丧葬的事是以右边为尊贵。

在军中，副将是在左边，主将是在右边，这就是说用丧葬之礼来对待军事。

杀人多了，应该以悲恸的心情去哀悼，战胜了要以处理丧礼的方式去办理。

Sharp weapons are unlucky tools that are feared and hated by people. Therefore, a man who goes with the Principle of universe never uses them.

Ordinarily, the gentleman considers the left side the honorable place, but in the time of war, the right side.

As the weapons are unlucky tools, a gentleman does not like to use them. When under compulsion of necessity he must use them, he should not be proud of his action.

Winning a war is not a glory. If you celebrate the victory, it means you delight in the slaughter of people.

The person who delights in the slaughter of people is not a good ruler.

Usually on occasions of festivity, the left side is the prized position. On occasions of mourning, the right side is.

In the military, the second in command of the army has his place on the left side while the commander in chief has the right side. It means using the side of mourning to treat the highest commander in the military.

Killing of many people should be mourned with sorrow.
Winning a war should be treated as attending a funeral
ceremony.

第三十二章

道常無名，樸雖小，天下莫能臣也。

侯王若能守之，萬物將自賓。

天地相合，以降甘露，民莫之令而自均。

始制有名，名亦既有，夫亦將知止，知止可以不殆。

譬道之在天下，猶川谷之與江海。

　　天下宇宙間的大道理是沒有一個固定的名字的。道體雖然隱約，可是天底下沒有人敢輕視它。

　　王侯如能固守住它，那麼天下的人將會自動地向他臣服。

　　天地間陰陽兩氣調和了，便會有甘露降下來。做王侯的只要不妄發命令，讓人民自然發展，就會達到安平的境界了。

　　大道創造萬物，有物必有形，有形就有名，有了名位後就會有紛爭。惟如能適可而止，煩惱就會自然減少了。

　　這就好像大道之無心於萬物，而萬物卻仍自歸於大道。江海無求於山谷流水，而山谷流水仍自動地流向江海。

第三十二章

道常无名，朴虽小，天下莫能臣也。

侯王若能守之，万物将自宾。

天地相合，以降甘露，民莫之令而自均。

始制有名，名亦既有，夫亦将知止，知止可以不殆。

譬道之在天下，犹川谷之与江海。

　　天下宇宙间的大道理是没有一个固定的名字的。道体虽
然隐约，可是天底下没有人敢轻视它。

　　王侯如能固守住它，那么天下的人将会自动地向他臣服。

　　天地间阴阳两气调和了，便会有甘露降下来。做王侯的
只要不妄发命令，让人民自然发展，就会达到安平的境界了。

　　大道创造万物，有物必有形，有形就有名，有了名位后
就会有纷争。惟如能适可而止，烦恼就会自然减少了。

　　这就好像大道之无心于万物，而万物却仍自归于大道。
江海无求于山谷流水，而山谷流水仍自动地流向江海。

The Principle of the universe has no name. Though it is
insignificant, nobody in the world dares to ignore it.

If a prince can hold on to the Principle, people from all over
the world will come to serve him spontaneously.

When male and female under heaven and on the earth join
harmoniously, the gentle rain falls. When a prince does not
issue too many orders and lets people develop themselves, the
country lives in peace.

Under the Principle of the universe, all beings grow.
Gradually, they take on forms, then names. When names are

created, problems follow. Yet, if a problem could be stopped at the moment it was created, it would be minimized.

It is just like the fact that the Principle of the universe has never wanted to own the myriad forms, yet the myriad forms still follow the Principle. The river and sea have never asked the streams in the valleys to do something for them, yet the streams always go down to the river and sea.

第三十三章

知人者智，自知者明。
勝人者有力，自勝者強。
知足者富。
強行者有志。
不失其所者久。
死而不亡者壽。

　　能夠了解別人是個智者，能夠了解自己是個聰明人。
　　能夠戰勝別人是有力量的人，能夠克制自己是個堅強的人。
　　知道知足才是個富裕的人。
　　能夠勤奮學習是有志氣的人。
　　遵守大道不會迷失才可以長久。
　　軀體雖死而精神長存者才是真正長壽的人。

第三十三章

知人者智，自知者明。

胜人者有力，自胜者强。

知足者富。

强行者有志。

不失其所者久。

死而不亡者寿。

能够了解别人是个智者，能够了解自己是个聪明人。

能够战胜别人是有力量的人，能够克制自己是个坚强的人。

知道知足才是个富裕的人。

能够勤奋学习是有志气的人。

遵守大道不会迷失才可以长久。

躯体虽死而精神长存者才是真正长寿的人。

The person who knows others very well is a person of wisdom. The person who knows himself very well is a person of intelligent.

The person who can win others is a person of strength. The person who can control himself is a person of might.

The person who is satisfied with his present is a wealthy person.

The person who learns diligently is an ambitious person.

The person who follows the Principle of the universe will not get lost and live longer.

The person who died but his spirit is still prevailing is a person of longevity.

第三十四章

大道氾兮，其可左右。
萬物恃之而生而不辭，功成而不有，衣養萬物而不爲主。
常無欲，可名於小；萬物歸焉而不爲主，可名爲大。
以其終不自爲大，故能成其大。

　　宇宙間的大道理是無所不在的，它就好像洪水氾濫無孔不入。

　　雖然萬物依賴它生長，可是它不主宰也不干預，成功了也不邀功；它供養萬物，然不據爲己有。

　　這種無欲的行爲說它渺小可以，然而萬物都歸向它，所以說它偉大也無不可。

　　因爲它並不自認爲偉大，實實上它是偉大得無可置疑。

第三十四章

大道泛兮，其可左右。
万物恃之而生而不辞，功成而不有，衣养万物而不为主。

常无欲，可名于小；万物归焉而不为主，可名为大。

以其终不自为大，故能成其大。

　　宇宙间的大道理是无所不在的，它就好像洪水泛滥无孔不入。

　　虽然万物依赖它生长，可是它不主宰也不干预，成功了也不邀功；它供养万物，然不据为己有。

　　这种无欲的行为说它渺小可以，然而万物都归向它，所以说它伟大也无不可。

　　因为它并不自认为伟大，实实上它是伟大得无可置疑。

The Principle of universe exists everywhere, like a flood that flows anywhere.

Although all the things depend on it to develop, it never tries to control or intervene with them. When a work is accomplished, it never claims credit. It supports myriad forms, but never tries to take possession of any of them.

Such unselfishness may be considered insignificant, but as all things follow the Principle, and yet it never seeks to own them, it should be considered great.

Because it never claims itself to be great, the Principle is great without doubt.

第三十五章

執大象，天下往。
往而不害，安平太。
樂與餌，過客止。
道之出口，淡乎其無味。
視之不足見，聽之不足聞，用之不足既。

　　爲政者如果能夠凡事都去遵循宇宙間的大道，天下萬民自然會歸順他的。

　　因爲歸順他不會遭受傷害，天下自然就會太平了。

　　悅耳的音樂和美味的食物可以使過客止步。

　　這宇宙間的大道卻是淡而無味，因爲它沒有行體，所以看不見它的影子，也聽不到它的聲音，可是它卻是取之不竭，用之不盡。

第三十五章

执大象，天下往。
往而不害，安平太。
乐与饵，过客止。
道之出口，淡乎其无味。
视之不足见，听之不足闻，用之不足既。

　　为政者如果能够凡事都去遵循宇宙间的大道，天下万民自然会归顺他的。

　　因为归顺他不会遭受伤害，天下自然就会太平了。

　　悦耳的音乐和美味的食物可以使过客止步。

　　这宇宙间的大道却是淡而无味，因为它没有行体，所以看不见它的影子，也听不到它的声音，可是它却是取之不竭，用之不尽。

If a ruler does everything based on the Principle of the universe, all the people in the world will come to him.

Living under his rule, there will be no harm. Thus the world will be at peace.

Nice music and delicious food attract passengers coming to enjoy them.

But, the Principle of the universe has no taste because it has no form. Because of having no form, it is invisible for the eyes to see and inaudible for the ears to hear. Yet it can be taken and used endlessly.

第三十六章

將欲歙之，必固張之。
將欲弱之，必固強之。
將欲廢之，必固興之。
將欲奪之，必固與之。

是謂微明。

柔肉勝剛強。

魚不可脫於淵。

國之利器，不可以示人。

想要收縮它，必須先擴張它。

想要削弱它，必須先使它堅強。

想要廢棄它，必須先興起它。

想要奪取它，必須先給與它。

這個道理看似不很明白，其實是很明顯的。

柔弱富有彈性，因此能夠勝過剛強。

魚離開水是無法生活的。

治理國家的武器是不可以炫耀讓敵國知道的。

第三十六章

将欲歙之，必固张之。

将欲弱之，必固强之。

将欲废之，必固兴之。

将欲夺之，必固与之。

是谓微明。

柔肉胜刚强。

鱼不可脱于渊。

国之利器，不可以示人。

想要收缩它，必须先扩张它。

想要削弱它，必须先使它坚强。

想要废弃它，必须先兴起它。

想要夺取它，必须先给与它。

这个道理看似不很明白，其实是很明显的。

柔弱富有弹性，因此能够胜过刚强。

鱼离开水是无法生活的。

治理国家的武器是不可以炫耀让敌国知道的。

In order to contract it, you must expand it first.

In order to weaken it, you must strengthen it first.

In order to void it, you must build it up first.

In order to take it, you must give it out first.

It seems that the above methods are not very clear. Actually, it is very easy to understand.

There is flexibility in the soft and weak, so the soft and weak can overcome the hard and strong.

Fish can not live without water.

The sharp weapons of a state should not be displayed to let enemy know them.

第三十七章

道常無為，而無不為。

侯王若能守之，萬物將自化。

化而欲作，吾將鎮之以無名之樸。

無名之樸，夫亦將無欲。

不欲以靜，天下將自定。

　　宇宙間的大道理就是遵循自然界的法則，不要去有所作為；因為遵循自然界的法則，所以每一事物都不會被遺漏。

　　統治者如能做到這一點，則萬事萬物將會自然地成長。

　　在這個過程中，如果有人再興起私念，那就應該去用那不可言喻的真樸去感化他。

　　這個不可言喻的真樸就是沒有私念。

　　如果人人都能做到清靜無為的境界，那麼天下自然就會安定了。

第三十七章

道常无为，而无不为。

侯王若能守之，万物将自化。

化而欲作，吾将镇之以无名之朴。

无名之朴，夫亦将无欲。

不欲以静，天下将自定。

　　宇宙间的大道理就是遵循自然界的法则，不要去有所作为；因为遵循自然界的法则，所以每一事物都不会被遗漏。

　　统治者如能做到这一点，则万事万物将会自然地成长。

　　在这个过程中，如果有人再兴起私念，那就应该去用那不可言喻的真朴去感化他。

　　这个不可言喻的真朴就是没有私念。

　　如果人人都能做到清静无为的境界，那么天下自然就会安定了。

The Principle of the universe follows natural laws, without trying to "do" anything. As it follows natural laws, nothing is neglected.

If a ruler can follow this principle, then all the things in his nation will take place in a natural way.

During the process, if selfishness appears, then the simplicity that has no name must be used to dissolve it.

The simplicity that has no name implies unselfishness.

If everyone can achieve the unselfishness of not doing, this world will be in peace.

第三十八章

上德不德，是以有德。

下德不失德，是以無德。

上德無爲而無以爲。

下德爲之而有以爲。

上仁爲之而無以爲。

下義爲之而有以爲。

上禮爲之而莫之應，則攘臂而扔之。

故失道而後德，

失德而後仁，

失仁而後義，

失義而後禮。

夫禮者，忠信之薄，而亂之首。

前識者，道之華，而愚之始。

是以大丈夫處其厚，不居其薄，

處其實，不居其華。

故去彼取此。

　　最有德行的人是並不自認為有德行，事實上他才是真正有德行的人。

　　那沒有什麼德行的人，是念念不忘道德這個名相，事實上他並不是真正有德行的人。

　　最高的德行是自然無為，沒有任何意圖和野心。

　　次等的德行是是希望有所為，也有意圖和野心。

　　最高的仁德是有所作為，可是沒有個人的意圖和野心。

　　最高的義行是有所作為，可也有個人的意圖和野心。

　　最高的敬禮是有所作為，如果得不到別人的敬禮，便會捲起衣袖伸長臂膀，希望把別人拉過來向自己敬禮。

　　因此，當人們不能遵循大道時，便會推崇大德。

　　不能遵循大德時，便會推崇大仁。

　　把握不了德和仁時，便用義來規範人心。

　　當義也失去力量時，便設立禮制去約束人們的行為。

　　到了這步田地時，人們大概就不太去遵守忠和信，於是一切的禍亂便將開始了。

　　自認爲是個先知先覺的人，最多只能算是個懂得大道的浮表自欺欺人的愚者。

　　所以真正有識的大丈夫要有忠信的厚道，不是只懂皮毛之徒；他們是遵循大道的根本，而不是只具有浮表的人。

第三十八章

上德不德，是以有德。

下德不失德，是以无德。

上德无为而无以为。

下德为之而有以为。

上仁为之而无以为。

下义为之而有以为。

上礼为之而莫之应，则攘臂而扔之。

故失道而后德，

失德而后仁，

失仁而后义，

失义而后礼。

夫礼者，忠信之薄，而乱之首。

前识者，道之华，而愚之始。

是以大丈夫处其厚，不居其薄，

处其实，不居其华。

故去彼取此。

　　最有德行的人是并不自认为有德行，事实上他才是真正有德行的人。

　　那没有什么德行的人，是念念不忘道德这个名相，事实上他并不是真正有德行的人。

　　最高的德行是自然无为，没有任何意图和野心。

　　次等的德行是是希望有所为，也有意图和野心。

　　最高的仁德是有所作为，可是没有个人的意图和野心。

　　最高的义行是有所作为，可也有个人的意图和野心。

　　最高的敬礼是有所作为，如果得不到别人的敬礼，便会卷起衣袖伸长臂膀，希望把别人拉过来向自己敬礼。

　　因此，当人们不能遵循大道时，便会推崇大德。

　　不能遵循大德时，便会推崇大仁。

　　把握不了德和仁时，便用义来规范人心。

　　当义也失去力量时，便设立礼制去约束人们的行为。

　　到了这步田地时，人们大概就不太去遵守忠和信，于是一切的祸乱便将开始了。

　　自认为是个先知先觉的人，最多只能算是个懂得大道的浮表自欺欺人的愚者。

　　所以真正有识的大丈夫要有忠信的厚道，不是只懂皮毛之徒；他们是遵循大道的根本，而不是只具有浮表的人。

The man who possesses the highest virtue does not consider himself a person who possesses the highest virtue, yet he is actually the person who possesses the highest virtue.

The man who does not possess virtue always thinks of the

reputation virtue confers, yet on that account, he himself is without virtue.

The highest virtue means to follow the natural laws, to do nothing, having no intention or ambition.

The next highest virtue means of doing things, having intention and ambition.

The highest benevolence means of doing things, but without personal intention or ambition.

The highest righteousness means of doing things with personal intention or ambition.

The highest propriety means of doing things. When people do not salute him, he will bare his arms and march up to the people pulling them over to salute him.

Therefore, when people are not in compliance with the Principle of universe, they will contribute to the big virtue.

When the people are not in compliance with the big virtue, they will contribute to the big benevolence.

When people can not possess virtue and benevolence, righteousness will be used to educate them.

When righteousness becomes lost, the propriety will be created to correct people's conduct.

Thus the people will not possess loyalty and faith and the disorder will begin to take place.

The man who declares himself of great wisdom is but a person who may only know the "superficial" Principle of the universe, a fool who likes to cheat himself.

Therefore, a great man must possess virtue and faithfulness. He fully abides by the Principle of the universe, not the "superficial" one.

第三十九章

昔之得一者，

天得一以清，

地得一以寧，

神得一以靈，

谷得一以盈，

萬物得一以生，

侯王得一以爲天下貞。

其致之，

天無以清將恐裂，

地無以寧將恐發，

神無以寧將恐歇，

谷無以盈將恐竭，

萬物無以生將恐滅，

侯王無以貴高將恐蹶。

故貴以賤爲本，高以下爲基。

是以侯王自謂孤寡不穀，

此非以賤爲本邪？非邪？

故致數輿無輿，

不欲琭琭如玉，珞珞如石。

自古以來，凡是能夠適應宇宙大道的都會有好的結果。

天適應宇宙大道後便會清明，

地適應宇宙大道後便會安寧，

神適應宇宙大道後便會顯現靈威，

谿谷適應宇宙大道後便會滿盈，

萬物適應宇宙大道後便會生存，

侯王適應宇宙大道後便會成爲天下的君主。

相反地，天如果不適應宇宙大道後便不會清明還會遭受破碎，

地如果不適應宇宙大道後便不會安寧還會荒廢，

神如果不適應宇宙大道後便不會顯現靈威而且還會消失，

谿谷如果不適應宇宙大道後便不會滿盈而且還要枯竭，

萬物如果不適應宇宙大道後便不會生存而且還要絕滅，

侯王如果不適應宇宙大道後便不會爲天下的君主而且還要遭到顛覆。

尊貴是從低賤開始的，崇高是從下面上來的。

侯王自稱孤寡不穀，不就是低賤的代表嗎？

世上的人大都是愈想多求名位，反而愈得不到名位。

我們不應當貪求外表光澤得像美玉一樣的名位，我們應該尋求像石塊一樣堅硬的內涵。

第三十九章

昔之得一者，

天得一以清，

地得一以宁，

神得一以灵，

谷得一以盈，

万物得一以生，

侯王得一以为天下贞。

其致之，

天无以清将恐裂，

地无以宁将恐发，

神无以宁将恐歇，

谷无以盈将恐竭，

万物无以生将恐灭，

侯王无以贵高将恐蹶。

故贵以贱为本，高以下为基。

是以侯王自谓孤寡不谷，

此非以贱为本邪？非邪？

故致数舆无舆，

不欲琭琭如玉，珞珞如石。

　　自古以来，凡是能够适应宇宙大道的都会有好的结果。
天适应宇宙大道后便会清明，

地适应宇宙大道后便会安宁，

神适应宇宙大道后便会显现灵威，

溪谷适应宇宙大道后便会满盈，

万物适应宇宙大道后便会生存，

侯王适应宇宙大道后便会成为天下的君主。

相反地，天如果不适应宇宙大道后便不会清明还会遭受破碎，

地如果不适应宇宙大道后便不会安宁还会荒废，

神如果不适应宇宙大道后便不会显现灵威而且还会消失，

溪谷如果不适应宇宙大道后便不会满盈而且还要枯竭，

万物如果不适应宇宙大道后便不会生存而且还要绝灭，

侯王如果不适应宇宙大道后便不会为天下的君主而且还要遭到颠覆。

尊贵是从低贱开始的，崇高是从下面上来的。

侯王自称孤寡不谷，不就是低贱的代表吗？

世上的人大都是愈想多求名位，反而愈得不到名位。

我们不应当贪求外表光泽得像美玉一样的名位，我们应该寻求像石块一样坚硬的内涵。

Ever since the beginning, that which has followed the universal Principle has come to good results.

When heaven acts in harmony with the universal Principle, it will be clearly seen.

When earth acts in harmony with the universal Principle,

peace will reign.

When a god acts according to the universal Principle, it will become divine.

When a valley is as empty as the universal Principle, its emptiness will be filled.

When creatures live in accord with the universal Principle, they will be fruitful.

When a prince rules in accord with the universal Principle, he will become the ruler of world.

On the other hand, if heaven does not follow the universal Principle, it will not be clear and may become rend.

If earth does not follow the universal Principle, there will be no peace on earth and the land may become barren.

If a god does not act in harmony with the universal Principle, it will not be divine and may perish.

If a valley is not as empty with the universal Principle, it will not be full and may run dry.

If creatures do not live according to the universal Principle, they will not thrive and will become extinct.

If a prince does not rule in accord with the universal Principle, he will not become the ruler of world and may be overthrown.

Dignity finds its root in meanness. Highness comes from lowness.

Hence, when a prince or a king calls himself orphan, it simply means that he comes from the humble and lower class.

People in the world who wish to have more dignity often have more misfortune.

Therefore, we should not desire the dignity that looks like bright jade but seek to be solid inside as hard as a rock.

第四十章

反者，道之動。
弱者，道之用。
天下萬物生於有，
有生於無。

宇宙大道的運行是反復循環的，
而這個大道的作用又是柔弱謙卑的。
天下萬物都是生於有形的物質，
而有形的物質又是由無形的道體所產生。

第四十章

反者，道之动。
弱者，道之用。
天下万物生于有，
有生于无。

宇宙大道的运行是反复循环的，

而这个大道的作用又是柔弱谦卑的。

天下万物都是生于有形的物质，

而有形的物质又是由无形的道体所产生。

The activity of universal Principle is reversible, and the universal Principle expresses itself softly and humbly.

All things arise from existing material,

And all existing material arises from non-existence.

第四十一章

上士聞道，勤而行之。

中士聞道，若存若亡。

下士聞道，大笑之。

不笑，不足以爲道。

故建言有之：

明道若昧，

進道若退，

夷道若纇，

上德若谷，

大白若辱，

廣德若不足，

建德若偷，

質眞若渝，

大方無隅，

大器晚成，

大音希聲，

大象無行，

道隱無名。

夫唯道，善貸且成。

　　第一等的人士聽到了宇宙大道後，便會努力不懈地從實踐中去體驗。

　　中等的人士聽到了宇宙大道後，由於沒有體驗，因而對大道的認識不深好像是半信半不信。

　　下等的人士聽到了宇宙大道後，由於淺薄無知，而又自以爲知，反而大笑大道的迂腐。

　　因爲他們的譏笑，反而更能顯出大道的深不可測。

　　相傳的許多卓越話語說得好：

　　光明之道是不顯耀於外，看起來好像是暗淡無光。

　　前進之道是依照自然的循環前進的，看起來好像是落後退步。

　　平坦之道是存在於參差不齊之中，因而看起來好像是崎嶇不平。

　　最高的德行是謙沖有如虛谷。

　　最純潔的心靈常處於污泥之中，實在是忍辱負重。

　　爲求更廣博的德行，因而時常感覺到還很不足似的。

　　德行最大的人反而又好像是沒有德行。

真正有德行的人又好像是只有很少德行。

最端方的人看起來好像又有缺點。

最大的器皿是需要很長的時間才可以精雕細琢而成的。

最大的音籟是自然之音，一般的人是很少去喜歡聽的。

最偉大的行象是沒有固定的行象。

宇宙大道是極為隱微玄妙的，因此沒有一個名字。

在宇宙中，大道是最能施與萬物和成就萬物的。

第四十一章

上士聞道，勤而行之。

中士聞道，若存若亡。

下士聞道，大笑之。

不笑，不足以為道。

故建言有之：

明道若昧，

進道若退，

夷道若纇，

上德若谷，

大白若辱，

广德若不足，

建德若偷，

质真若渝，

大方无隅，

大器晚成，

大音希声，

大象无行，

道隐无名。

夫唯道，善贷且成。

　　第一等的人士听到了宇宙大道后，便会努力不懈地从实践中去体验。

　　中等的人士听到了宇宙大道后，由于没有体验，因而对大道的认识不深好像是半信半不信。

　　下等的人士听到了宇宙大道后，由于浅薄无知，而又自以为知，反而大笑大道的迂腐。

　　因为他们的讥笑，反而更能显出大道的深不可测。

　　相传的许多卓越话语说得好：

　　光明之道是不显耀于外，看起来好像是暗淡无光。

　　前进之道是依照自然的循环前进的，看起来好像是落后退步。

　　平坦之道是存在于参差不齐之中，因而看起来好像是崎岖不平。

　　最高的德行是谦冲有如虚谷。

　　最纯洁的心灵常处于污泥之中，实在是忍辱负重。

　　为求更广博的德行，因而时常感觉到还很不足似的。

　　德行最大的人反而又好像是没有德行。

　　真正有德行的人又好像是只有很少德行。

　　最端方的人看起来好像又有缺点。

　　最大的器皿是需要很长的时间才可以精雕细琢而成的。

最大的音籟是自然之音，一般的人是很少去喜欢听的。

最伟大的行象是没有固定的行象。

宇宙大道是极为隐微玄妙的，因此没有一个名字。

在宇宙中，大道是最能施与万物和成就万物的。

When a superior man hears the universal Principal, he will practice it diligently.

When an average man hears the universal Principal, as he has not practiced it, he does not know much of it but half believes and half doubts it.

When a foolish man hears the universal Principle, since he has no knowledge about it but thinks he knows all about it, he simply laughs at it and says that it is not practical.

Because he laughs at it, it indicates that the universal Principle is too difficult to be easily understood.

Some old wise sayings say --

The bright principle does not show off, thus it looks dark.

The forward principle moves forward in the natural way of reversion, thus it looks backwards.

The principle of evenness exists in high and low, thus it looks going up and down.

The highest virtue appears as hollow as a valley.

The purest heart often stays in the mud as if it bears great sorrow.

In order to pursue wider virtue, a wise man often feels that he does not know much.

The person with the highest virtue sometimes appears to be lacking virtue.

The person who has real virtue appears to have none.

The person of great justice appears to have no justice.

The largest utensil needs a long time to be fashioned.

The loudest music comes from the nature and few people like to hear it.

The most extraordinary form has no regular shape.

The universal Principle is so hidden and indescribable that it has no name.

In the universe, the Principle is that which provides for all beings and brings fulfillment.

第四十二章

道生一，
一生二，
二生三，
三生萬物。
萬物負陰而抱陽，
沖氣以爲和。
人之所惡，唯孤寡不穀，而王公以爲稱。

故物，或損之而益，或益之而損。

人之所教，我亦教之，

強梁者，不得其死，吾將以爲教父。

宇宙大道本來只是混然一氣，

由一氣而逐漸形成爲陰陽二氣，

兩氣調和後又變成了三氣，

萬物就是由這三氣生長出來的。

萬物的變化都是背著陰向著陽的，

再由沖虛之氣使其和諧發展。

一般人們所不喜歡的孤獨鰥寡，可是王公們卻自稱孤家或寡人或不穀，把自己處於低卑之地。

這是由於在萬物的變化中，有很多事情，在表面上看是減損了，實際上卻是增益了。同樣的道理，有很多人在求增益，結果反而是減損了。

這是聰明人用來教導他的家人的道理，我現在拿來教導大家。

古人又常說強悍的人是不得好死的，我同意這句話，也把它拿來教導大家。

第四十二章

道生一，

一生二，

二生三，

三生万物。

万物负阴而抱阳，

冲气以为和。

人之所恶，唯孤寡不谷，而王公以为称。

故物，或损之而益，或益之而损。

人之所教，我亦教之，

强梁者，不得其死，吾将以为救父。

宇宙大道本来只是混然一气，

由一气而逐渐形成为阴阳二气，

两气调和后又变成了三气，

万物就是由这三气生长出来的。

万物的变化都是背着阴向着阳的，

再由冲虚之气使其和谐发展。

一般人们所不喜欢的孤独鳏寡，可是王公们却自称孤家或寡人或不谷，把自己处于低卑之地。

这是由于在万物的变化中，有很多事情，在表面上看是减损了，实际上却是增益了。同样的道理，有很多人在求增益，结果反而是减损了。

这是聪明人用来教导他的家人的道理，我现在拿来教导大家。

古人又常说强悍的人是不得好死的，我同意这句话，也把它拿来教导大家。

In the beginning, the universal Principle produced only one

form.

Gradually, the one developed into two, one masculine and the other one, feminine.

Later the two mixed themselves to become three.

And the three produced all the things.

During the change, all the things have their backs to the female and stand facing the male.

Through union with the life force they blend in harmony.

Ordinal people hate being orphaned, lonely, and unworthy, yet kings and princes all call themselves such, giving themselves humble status.

During the change, many things seem to be diminishing but actually are increasing. For the same reason, when people are seeking advantage, sometimes they receive disadvantage.

These are what some wise people used to teach their families. I now use them to teach everybody.

Another old saying says, "The violent often dies a violent death." I agree with it, so I teach it to everybody, too.

第四十三章

天下之至柔，馳騁天下之至堅。

無有入無間。

吾是以知無爲之有益。

不言之教，無爲之益，天下希及之。

天下最柔軟的東西，可以駕馭那天下最堅硬的東西。

祇有沒有形質的東西，才可以穿過沒有縫隙的銅牆鐵壁。

由此我才真正明瞭到無爲的益處。

這種不重視政令的無爲之治可惜現在知道的人們並不很

多。

第四十三章

天下之至柔，驰骋天下之至坚。

无有入无间。

吾是以知无为之有益。

不言之教，无为之益，天下希及之。

天下最柔软的东西，可以驾驭那天下最坚硬的东西。

祇有没有形质的东西，才可以穿过没有缝隙的铜墙铁壁。

由此我才真正明了到无为的益处。

这种不重视政令的无为之治可惜现在知道的人们并不很

多。

In the world only the softest thing can overcome the hardest one.

Only non-being can penetrate the copper-or-iron-made wall without any space.

Thus, I understand the value of non-action.

Today, not many people understand the benefit of non-action ruling without rules and regulations.

第四十四章

名與身孰親？

身與貨孰多？

得與亡孰病？

是故甚愛必大費，

多藏必厚亡。

知足不辱，

知止不殆，

可以長久。

身外的榮名和自己的生命哪一個比較受珍惜？

身外的財富和自己的生命哪一個比較重要？

得到榮名財富和失去生命，人們比較喜歡哪一個？

因此過份愛惜榮名必定會嚴重損耗精力，

過份斂藏財富必會有重大的亡失。

所以，知足的人是不會受到侮辱的，

知道適可而止的人是不會有危險的，

果能如此，一個人就可以平安長命了。

第四十四章

名与身孰亲？

身与货孰多？

得与亡孰病？

是故甚爱必大费，

多藏必厚亡。

知足不辱，

知止不殆，

可以长久。

身外的荣名和自己的生命哪一个比较受珍惜？

身外的财富和自己的生命哪一个比较重要？

得到荣名财富和失去生命，人们比较喜欢哪一个？

因此过份爱惜荣名必定会严重损耗精力，

过份敛藏财富必会有重大的亡失。

所以，知足的人是不会受到侮辱的，

知道适可而止的人是不会有危险的，

果能如此，一个人就可以平安长命了。

Between a person's fame and his life, which one does the person treasure more?

Between a person's wealth and his life, which one does the person value more?

Between fame, wealth and losing one's own life, which will a person choose?

Therefore, if a person treasures his fame excessively, he will spend extravagant energy on it.

If a person hoards wealth, sooner or later, he will lose it.

A person who is satisfied with his present state will not be disgraced.

The person who knows when to stop will not invite danger.

If a person can live according to these ways, the person will have peace and live a long life.

第四十五章

大成若缺，其用不弊。

大盈若沖，其用不窮。

大直若屈，

大巧若拙，

大辯若訥。

靜勝躁，寒勝熱，

清靜爲天下正。

　　世界上最完美的東西往往看起來仍像有缺陷的樣子，但是它的作用是永遠不會有問題的。

　　世界上最充實的東西往往看起來仍像很空虛的樣子，但是它的作用是永遠不會有窮盡的。

世界上最直的東西往往看起來仍像有點兒彎曲似的。

世界上最精巧的東西往往看起來仍像有點兒笨拙似的。

世界上最大的辯才往往聽起來仍像有點兒木訥似的。

唯有清靜才可以克服躁動，唯有嚴寒才可以克服炎熱。

能夠堅守清靜無爲的有道之人，就可以成爲世人的模範。

第四十五章

大成若缺，其用不弊。

大盈若沖，其用不穷。

大直若屈，

大巧若拙，

大辯若讷。

静胜躁，寒胜热，

清静为天下正。

世界上最完美的东西往往看起来仍像有缺陷的样子，但是它的作用是永远不会有问题的。

世界上最充实的东西往往看起来仍像很空虚的样子，但是它的作用是永远不会有穷尽的。

世界上最直的东西往往看起来仍像有点儿弯曲似的。

世界上最精巧的东西往往看起来仍像有点儿笨拙似的。

世界上最大的辩才往往听起来仍像有点儿木讷似的。

唯有清静才可以克服躁动，唯有严寒才可以克服炎热。

能够坚守清静无为的有道之人，就可以成为世人的模范。

The highest perfection in the world sometimes seems to be incomplete, yet its use is always perfect.

The greatest abundance in the world seems somehow empty, yet its use is never limited.

The most straightness in the world sometimes seems to be crooked.

The most delicacy in the world still sometimes seems to be artless.

The most eloquence in the world still sometimes seems to be awkward.

Only purity and stillness can overcome anxiety.

Only cold can overcome heat.

And only the person who follows the universal Principle can become a model for the people.

第四十六章

天下有道，卻走馬以糞；
天下無道，戎馬生於郊。
禍莫大於不知足，
咎莫大於欲得。
故知足之足，常足矣。

當天下有道的時候，沒有戰爭了，本來用以作戰的戰馬都把牠們養在農莊幫助農耕，馬糞便用來肥田；

　　當天下無道的時候，戰爭連年，所有的戰馬都用來作戰，連母馬生小馬都發生在郊外的戰場上。

　　一切的禍害都是出於不知足。

　　一切的罪惡都沒有比貪得無厭更可怕了。

　　所以只有知足的人，才能永遠得到快樂和滿足。

第四十六章

天下有道，却走马以粪；
天下无道，戎马生于郊。
祸莫大于不知足，
咎莫大于欲得。
故知足之足，常足矣。

　　当天下有道的时候，没有战争了，本来用以作战的战马都把牠们养在农庄帮助农耕，马粪便用来肥田；

　　当天下无道的时候，战争连年，所有的战马都用来作战，连母马生小马都发生在郊外的战场上。

　　一切的祸害都是出于不知足。

　　一切的罪恶都没有比贪得无厌更可怕了。

　　所以只有知足的人，才能永远得到快乐和满足。

When there is order in the world, all the horses are used to help cultivate the land and bear manure through the field.

When there is disorder in the world, all the horses are used in the military; and even the female horses give birth in the battlefield.

All the curses come from discontent.

All crimes come from greed.

Only people who are content are happily satisfied all the time.

第四十七章

不出戶，知天下；

不窺牖，見天道。

其出彌遠，其知彌少。

是以聖人不行而知，不見而名，不爲而成。

　　能夠遵守大道的人，雖然足不出戶，也可以知道天下的事情；雖然不伸頭窗外，也可以想像出窗子外面的景物是個什麼樣子。

　　反言之，如果不遵守大道的人，走出去愈遠，反而可能迷惑愈多。

　　所以聖人是不必走出去就可以知道天下的一切，不必親眼去看，就會明瞭事情的變化。他是不必要去有所作爲，萬事萬物都會自然成長的。

第四十七章

不出户，知天下；

不窥牖，见天道。

其出弥远，其知弥少。

是以圣人不行而知，不见而名，不为而成。

　　能够遵守大道的人，虽然足不出户，也可以知道天下的事情；虽然不伸头窗外，也可以想象出窗子外面的景物是个什么样子。

　　反言之，如果不遵守大道的人，走出去愈远，反而可能迷惑愈多。

　　所以圣人是不必走出去就可以知道天下的一切，不必亲眼去看，就会明了事情的变化。他是不必要去有所作为，万事万物都会自然成长的。

The person who abides by the universal Principle knows the world clearly without going out of the house. And he knows what it looks like outside without extending his head out of the window.

The person who does not abide by the universal Principle will become more confused the farther he explores the world.

Therefore, a sage does not have to go outside and he knows the world. He does not have to see with his own eyes and he

knows the way of change in all things. He does not have to do
anything and yet events unfold of their own accord from him
and around him.

第四十八章

為學日益，為道日損。

損之又損，以至於無為。

無為而無不為。

取天下常以無事，

及其有事，不足以取天下。

  一般人在學習時，學得愈多，私欲也就日漸增多；如果
能夠順應天道去學習，私欲就會日漸減少。

  日漸減少以後，就會達到完全順乎自然的境界。

  完全順乎自然以後，就不必去有任何作為了。

  如此贏取天下人心就會是很自然的事了。

  如果多去做作，反而不能贏取天下的人心。

第四十八章

为学日益，为道日损。

损之又损，以至于无为。

无为而无不为。

取天下常以无事，

及其有事，不足以取天下。

　　一般人在学习时，学得愈多，私欲也就日渐增多；如果能够顺应天道去学习，私欲就会日渐减少。

　　日渐减少以后，就会达到完全顺乎自然的境界。

　　完全顺乎自然以后，就不必去有任何作为了。

　　如此赢取天下人心就会是很自然的事了。

　　如果多去做作，反而不能赢取天下的人心。

Ordinarily, when a person studies, the more he studies, the more selfish he will become. But if he studies according to the universal Principle, the more he studies, the less selfish he will become.

When he becomes less selfish day after day, events unfold of their own accord naturally.

Then, he will have to do nothing.

Thus, it will be easy for him to win the people's heart.

Otherwise, if he intentionally tries to do many things, he will not be able to win the people's heart.

第四十九章

聖人無常心，以百姓心爲心。

善者，吾善之。不善者，吾亦善之，德善。

信者，吾信之。不信者，吾亦信之，德信。

聖人在天下，歙歙爲天下渾其心。
百姓皆注其耳目，聖人皆孩之。

　　聖人大公無私沒有成見，把百姓的意見當做意見。
　　對於善良的人，我善待他。不善良的人，我也善待他，讓他變成善良的人。
　　對於誠信的人，我以誠信的態度對待他。對於不誠信的人，我也以誠信的態度對待他，讓他變成誠信的人。
　　聖人在位，希望人們能收斂私欲保持純真。
　　當百姓們都去注重聲色犬馬等物質享受時，聖人希望他們也能恢復到像小孩子一般的純真無私。

第四十九章

圣人无常心，以百姓心为心。
善者，吾善之。不善者，吾亦善之，德善。
信者，吾信之。不信者，吾亦信之，德信。
圣人在天下，歙歙为天下浑其心。
百姓皆注其耳目，圣人皆孩之。

　　圣人大公无私没有成见，把百姓的意见当做意见。
　　对于善良的人，我善待他。不善良的人，我也善待他，让他变成善良的人。
　　对于诚信的人，我以诚信的态度对待他。对于不诚信的人，我也以诚信的态度对待他，让他变成诚信的人。

圣人在位，希望人们能收敛私欲保持纯真。

当百姓们都去注重声色犬马等物质享受时，圣人希望他们也能恢复到像小孩子一般的纯真无私。

The sage has no bounded mind of his own; he takes people's mind as his own.

I treat good people with kindness; I treat bad people with kindness as well, so that they may become good people, too.

Toward sincere people, I direct sincerity; toward those who are insincere, I am sincere also, so that they may become sincere, too.

When a sage acts as the ruler, he wishes his people not to be selfish but to retain their purity of heart.

When his people concentrate on the material pleasure, the sage wishes that they retain their purity like babies.

第五十章

出生入死。

生之徒，十有三。

死之徒，十有三。

人之生，動之死地，亦十有三。

夫何以故？以其生生之厚。

蓋聞善攝生者，陸行不遇兕虎，入軍不被甲兵。

兕無所投其角，虎無所措其爪，兵無所容其刃，

夫何故？以其無死地。

　　人來到了這個世界上叫做"生"，最後被埋葬在地下了叫做"死"。

　　天生好資質因而長壽的人大概是三分之一。

　　天生壞資質因而短命的人大概也是三分之一。

　　天生好資質然而早死的人大概也是三分之一。

　　這些人天生好資質爲什麼早死呢？因爲太過於享受了。

　　事實上，真正知道如何養生的人，在陸地上行走是不會遇到犀牛老虎的，在軍中打仗不會被兵刃殺傷的。

　　因爲犀牛沒有用角觸他的機會，老虎沒有以爪去抓他的機會，兵刃沒有殺他的機會。

　　這是爲什麼呢？因爲他真正善於養生，不會進入危險的境界。

第五十章

出生入死。

生之徒，十有三。

死之徒，十有三。

人之生，动之死地，亦十有三。

夫何以故？以其生生之厚。

盖闻善摄生者，陆行不遇兕虎，入军不被甲兵。

兕无所投其角，虎无所措其爪，兵无所容其刃，

夫何故？以其无死地。

　　人来到了这个世界上叫做"生"，最后被埋葬在地下了叫做"死"。

　　天生好资质因而长寿的人大概是三分之一。

　　天生坏资质因而短命的人大概也是三分之一。

　　天生好资质然而早死的人大概也是三分之一。

　　这些人天生好资质为什么早死呢？因为太过于享受了。

　　事实上，真正知道如何养生的人，在陆地上行走是不会遇到犀牛老虎的，在军中打仗不会被兵刃杀伤的。

　　因为犀牛没有用角触他的机会，老虎没有以爪去抓他的机会，兵刃没有杀他的机会。

　　这是为什么呢？因为他真正善于养生，不会进入危险的境界。

When a person is born, we say there is a life. When a person's body is buried in the ground, we call this death.

About one third of the people born are of good constitution so that they live a long life.

Another one third of the people have weak constitution so that they die early.

And yet another one third of the people have strong constitution, but they die young, too.

Why do these people die early? Because they have lived in ways, that are excessive ways and out of balance, for too long.

As a matter of fact, the people who know how to take care

of themselves will not encounter wild buffalo and tigers on the land, because wild buffalo have no chance to gore them with their horns, and tigers have no chance to slash them with their claws. And in the battlefield, weapons will not hurt them because weapons have no opportunity to pierce them.

　　Why? Because those people, who know how to take care of themselves, do not put themselves in positions of danger.

第五十一章

道生之，德畜之；
物形之，勢成之。
是以萬物莫不遵道而貴德。
道之尊，德之貴，夫莫之命而常自然。
故道生之，德畜之，長之育之、亭之毒之、養之覆之。
生而不有，爲而不恃，長而不宰，是謂玄德。

　　大道創造萬物，大德滋養萬物。
　　萬物有各種不同的形體，在各種不同的環境中成長。
　　所以萬物沒有不尊崇大道及珍視大德的。
　　大道之所以受到尊崇，大德之所以受到珍視，因爲它們沒有居心作爲，一切順乎自然，而萬物才能自然成長。
　　創造萬物，滋養萬物，撫育萬物，保護萬物，使萬物成熟。
　　創造萬物然不據爲己有，作育萬物然不自恃其能，成就萬物然不欲去主宰，這就是奧妙的大德所使然的。

第五十一章

道生之，德畜之；
物形之，势成之。
是以万物莫不遵道而贵德。
道之尊，德之贵，夫莫之命而常自然。
故道生之，德畜之，长之育之、亭之毒之、养之覆之。
生而不有，为而不恃，长而不宰，是谓玄德。

　　大道创造万物，大德滋养万物。
　　万物有各种不同的形体，在各种不同的环境中成长。
　　所以万物没有不尊崇大道及珍视大德的。
　　大道之所以受到尊崇，大德之所以受到珍视，因为它们没有居心作为，一切顺乎自然，而万物才能自然成长。
　　创造万物，滋养万物，抚育万物，保护万物，使万物成熟。
　　创造万物然不据为己有，作育万物然不自恃其能，成就万物然不欲去主宰，这就是奥妙的大德所使然的。

The universal Principle bears all things, and its harmony nourishes them.

Each thing takes its own form and develops according to unique conditions.

All the things respect the universal Principle, and treasure its gift of harmony.

The reason why the universal Principle receives respect and why harmony is treasured is that both the universal Principle and its harmony never violate natural laws, and thus everything can unfold and act in its own natural way.

The universal Principle creates all things, then nourishes them, raises them, and protects them to make them grow up.

Creating things yet not seeking to own them, nourishing them yet not claiming the effort, completing them yet not seeking to control them, these are the ways of harmony.

第五十二章

天下有始，以爲天下母。

既得其母，以知其子；

既知其子，復守其母，沒身不殆。

塞其兌，閉其門，終身不勤；

開其兌，濟其事，終身不救。

見小曰明，守柔曰強。

用其光，復歸其明。

無遺身殃，是爲習常。

　　天地萬物都有個開始，這個開始就是創造天地萬物的大道，大道創造天地萬物所以就是天地萬物之母。

能夠明瞭大道，就會明瞭天地萬物。

明瞭天地萬物後，就要固守這創造天地萬物的大道，如此我們就會終生沒有危險。

阻塞慾望的通道，關閉慾望的門徑，如此終生就不會有憂患。

相反地，如果順著慾望的通道，打開慾望的的門徑，那便會煩惱無盡無可救藥了。

能夠明察秋毫叫做明。知道如何以柔克剛叫做強。

順著大道的光芒，回復大道的明性。

如能這樣就不會有禍害臨頭，這就叫做修習常道。

第五十二章

天下有始，以为天下母。

既得其母，以知其子；

既知其子，复守其母，没身不殆。

塞其兑，闭其门，终身不勤；

开其兑，济其事，终身不救。

见小曰明，守柔曰强。

用其光，复归其明。

无遗身殃，是为习常。

天地万物都有个开始，这个开始就是创造天地万物的大道，大道创造天地万物所以就是天地万物之母。

能够明了大道，就会明了天地万物。

明了天地万物后，就要固守这创造天地万物的大道，如此我们就会终生没有危险。

阻塞欲望的通道，关闭欲望的门径，如此终生就不会有忧患。

相反地，如果顺着欲望的通道，打开欲望的的门径，那便会烦恼无尽无可救药了。

能够明察秋毫叫做明。知道如何以柔克刚叫做强。

顺着大道的光芒，回复大道的明性。

如能这样就不会有祸害临头，这就叫做修习常道。

Heaven and earth had a beginning. Their beginning was the universal Principle that created all the things including the heaven and earth. Thus the universal Principle was the mother of all things.

If we understand the universal Principle, we are able to understand the way of all the things.

Understanding the way of all the things, we must abide by the universal Principle; in so doing, we shall encounter no danger in life.

Blocking the path of desire, shutting the door on craving, we should be free of conflicts.

On the other hand, if we walk the path of desire, open the door to craving, we shall suffer countless conflicts until we become powerless.

Being able to discern the seemingly insignificant is called understanding. Overcoming the hard with the soft is called strength.

Follow the light of universal Principle and regain insight into the natural way.

If we can accomplish these things, we shall have no conflict. These practices are called cultivating the universal Principle in daily life.

第五十三章

使我介然有知，行於大道，唯施是畏。

大道甚夷，而民好徑。

朝甚除，田甚蕪，倉甚虛，服文綵，帶利劍，厭飲食，財貨有餘。是謂盜夸，非道也哉！

　　大凡一個稍有知識的人，當他行走在道路上時，都會避免踏入邪路的。

　　事實上，大道是平坦的，可是很多人卻喜歡去走小徑。

　　正如同那些在上位的統治者都把宮殿修得很華麗，然而卻任田野一片荒蕪，人民的倉庫裡也是空虛無糧，自己的身上卻穿金戴銀，身佩鋒利的寶劍，三餐都是山珍海味，個人的財富永遠用不完。

　　這種只顧自己的享受，不顧人民死活的暴君，簡直就是強盜頭子。他的所作所爲離開大道實在是太遠了。

第五十三章

使我介然有知，行于大道，唯施是畏。

大道甚夷，而民好径。

朝甚除，田甚芜，仓甚虚，服文彩，带利剑，厌饮食，财货有余。是谓盗夸，非道也哉！

　　大凡一个稍有知识的人，当他行走在道路上时，都会避免踏入邪路的。

　　事实上，大道是平坦的，可是很多人却喜欢去走小径。

　　正如同那些在上位的统治者都把宫殿修得很华丽，然而却任田野一片荒芜，人民的仓库里也是空虚无粮，自己的身上却穿金戴银，身佩锋利的宝剑，三餐都是山珍海味，个人的财富永远用不完。

　　这种只顾自己的享受，不顾人民死活的暴君，简直就是强盗头子。他的所作所为离开大道实在是太远了。

When people with a scrap of sense walk on the main road, they fear nothing but straying from the path.

As a matter of fact, the main road is easy and smooth, but some people like to be side-tracked.

In much the same way, many rulers lose sight of what is important and build their palaces as beautiful as can be, yet they let the fields fill with weeds and the people's granaries go empty. They wear embroidered clothes, carry sharp swords, over-indulge themselves with nice food and strong drink and horde more possessions than they can use.

Those rulers, who care only his own enjoyment, who ignores his people's basic needs, are but leaders of thieves. Their actions are far away from the universal Principle.

第五十四章

善建者不拔，善抱者不脫，子孫以祭祀不輟。

修之於身，其德乃眞；

修之於家，其德乃餘；

修之於鄉，其德乃長；

修之於國，其德乃豐；

修之於天下，其德乃普。

故以身觀身，

以家觀家，

以鄉觀鄉，

以國觀國，

以天下觀天下。

吾何以知天下然哉？以此。

　　善於修道的人，他的德性是根深蒂固不會被拔除的；善於堅守道德的人，他的行爲是不會脫離軌道的；他們的子孫都會固守道德規範而祭祀不輟的。

修養道德必須身體力行，這個道德才是真實的。

將道德推廣全家，這個道德才能盡情。

將道德推廣全鄉，這個道德才可長遠。

將道德推廣全國，這個道德才可豐盛。

將道德推廣至全天下，這個道德才可普遍。

因此從一個人的言行，可以看出一個人的休養功夫。

從一個家庭的家規，可以看出這家人的修德功夫。

從一鄉人的風俗習慣，可以看出這鄉人的修德功夫。

從一國的興衰，可以看出這個國家的道德問題。

從天下的潮流，可以看出當今天下的道德規範。

我是利用何種方式來了解天下的？就是這種方法。

第五十四章

善建者不拔，善抱者不脱，子孙以祭祀不辍。

修之于身，其德乃真；

修之于家，其德乃余；

修之于乡，其德乃长；

修之于国，其德乃丰；

修之于天下，其德乃普。

故以身观身，

以家观家，

以乡观乡，

以国观国，

以天下观天下。

吾何以知天下然哉？以此。

　　善于修道的人，他的德性是根深蒂固不会被拔除的；善于坚守道德的人，他的行为是不会脱离轨道的；他们的子孙都会固守道德规范而祭祀不辍的。

　　修养道德必须身体力行，这个道德才是真实的。

　　将道德推广全家，这个道德才能尽情。

　　将道德推广全乡，这个道德才可长远。

　　将道德推广全国，这个道德才可丰盛。

　　将道德推广至全天下，这个道德才可普遍。

　　因此从一个人的言行，可以看出一个人的休养功夫。

　　从一个家庭的家规，可以看出这家人的修德功夫。

　　从一乡人的风俗习惯，可以看出这乡人的修德功夫。

　　从一国的兴衰，可以看出这个国家的道德问题。

　　从天下的潮流，可以看出当今天下的道德规范。

　　我是利用何种方式来了解天下的？就是这种方法。

A person who knows how to cultivate virtue will not be uprooted.

The conduct of a person who keeps virtue close will not slip from the path. Such a person's offspring will act virtuously and offer sacrifice from generation to generation.

Cultivating virtue within oneself, virtue will be real.

Cultivating virtue within the whole family, virtue will be

full.

Cultivating virtue in the whole village, virtue will spread far and wide.

Cultivating virtue in the whole nation, virtue will be abundant.

Cultivating virtue in the whole world, virtue will be universal.

Therefore, from a person's conduct, we shall know the person's virtue.

From the family's domestic rules, we shall know the family's virtue.

From the customs of the village, we shall know the village people's virtue.

From the nation's prosperity or not, we shall know how its government relates to the matter of virtue.

From observing current world events, we shall know how the way in which the world treats the matter of virtue.

How do I know the world's condition? I use the above ways.

第五十五章

含德之厚，比於赤子。

蜂蠆虺蛇不螫，猛獸不據，攫鳥不搏。

骨弱筋柔而握固。

未知牝牡之合而全作，精之至也。

終日號而不嗄，和之至也。

知和曰常。

知常曰明。

益生曰祥。

心使氣曰強。

物壯則老，謂之不道。

不道早已。

　　道德純厚的人，其天真無邪如同嬰兒一樣。

　　這樣的人，毒虫不會去害他，猛獸不會去抓他，惡鳥不會去啄他。

　　他的筋骨柔弱，然而握東西時卻很有力。

　　他雖然不知兩性交構之事，然而生殖器卻能挺直，這表示他精力充沛。

　　他雖然終日號哭，然聲音不啞，這是因為他發洩情感完全合乎自然的道理。

　　了解柔和的道理，就是了解常道。

　　了解常道，就是有智慧的人。

　　生活過於優越並非好事。

　　意氣用事是逞強好勝。

　　喜歡逞強好勝容易衰老，這是不合大道的。

　　凡是不合大道的事情，都會早日消逝。

第五十五章

含德之厚，比于赤子。

蜂虿虺蛇不螫，猛兽不据，攫鸟不搏。

骨弱筋柔而握固。

未知牝牡之合而全作，精之至也。

终日号而不嗄，和之至也。

知和曰常。

知常曰明。

益生曰祥。

心使气曰强。

物壮则老，谓之不道。

不道早已。

　　道德纯厚的人，其天真无邪如同婴儿一样。

　　这样的人，毒虫不会去害他，猛兽不会去抓他，恶鸟不会去啄他。

　　他的筋骨柔弱，然而握东西时却很有力。

　　他虽然不知两性交构之事，然而生殖器却能挺直，这表示他精力充沛。

　　他虽然终日号哭，然声音不哑，这是因为他发泄情感完全合乎自然的道理。

　　了解柔和的道理，就是了解常道。

　　了解常道，就是有智慧的人。

生活过于优越并非好事。

意气用事是逞强好胜。

喜欢逞强好胜容易衰老，这是不合大道的。

凡是不合大道的事情，都会早日消逝。

The man who has abundant virtue is as innocent as an infant.

For such a man, poisonous insects will not sting him; fierce beasts will not seize him; and birds of prey will not attack him.

His bones are weak, yet his grasp is firm.

Although he is still too young to know the union of male and female, his penis stands erect showing that his vigor is plentiful.

He may cry all day long, but he does not get hoarse, as his crying is as natural as a child's.

To know the principle of softness is to know the universal Principle.

Only a person who knows the universal Principle is a person of wisdom.

Living in too much luxury is not a good thing.

Action that is not conscious results in unnecessary effort but to show your foolish vigor.

A person who tends to make unnecessary vigorous efforts will age sooner because he is resisting the universal Principle.

Anything that acts contrary to the universal Principle will

cease prematurely.

第五十六章

知者不言，言者不知。
塞其兌，閉其門，挫其銳，解其分，和其光，同其塵。
是謂玄同。
故不可得而親，不可得而疏；
不可得而利，不可得而害；
不可得而貴，不可得而賤。
故為天下貴。

　　有智慧的人是不會亂說話的；如果亂說話了，那就不是一個有智慧的人。

　　有智慧的人不亂說話，不亂聽亂看，鋒芒不外露，沒有紛擾，不喜歡出風頭，生活單純，而處於一個微妙的境界。

　　這種人已經超脫一般的親疏利害貴賤的範疇，世俗無法特別親近他或是疏遠他，不能以利害引誘他，以弊病恐嚇他，他不在乎富貴，也不在乎貧賤，所以他受到天下人的尊崇。

第五十六章

知者不言，言者不知。
塞其兑，闭其门，挫其锐，解其分，和其光，同其尘。
是谓玄同。

故不可得而亲，不可得而疏；
不可得而利，不可得而害；
不可得而贵，不可得而贱。
故为天下贵。

　　有智慧的人是不会乱说话的；如果乱说话了，那就不是
一个有智慧的人。

　　有智慧的人不乱说话，不乱听乱看，锋芒不外露，没有
纷扰，不喜欢出风头，生活单纯，而处于一个微妙的境界。

　　这种人已经超脱一般的亲疏利害贵贱的范畴，世俗无法
特别亲近他或是疏远他，不能以利害引诱他，以弊病恐吓他，
他不在乎富贵，也不在乎贫贱，所以他受到天下人的尊崇。

A person of wisdom does not speak without consciousness.
If he speaks without consciousness, he will not be a person of
wisdom.

A person of wisdom does not speak, listen, or see casually.
He does not show signs of astuteness, does not make
disturbance, does not show off his talents, and lives in a simple
life and remains mysterious.

Such a person is beyond all thought of profit, nobility, or
meanness. We can not use the usual ways of being intimate with
someone like this person nor the usual ways of distancing him,
nor any method of enticing him with profit, nor is there any way
to blackmail or threaten him, as he will neither take nor accept

any of this. He does not care about being rich or noble, poor or humble. Yet, he receives respect from all the people in the world.

第五十七章

以正治國，以奇用兵，以無事取天下。
吾何以知其然哉？以此。
天下多忌諱，而民彌貧；
朝多利器，國家滋昏；
人多伎巧，奇物滋起；
法令滋彰，盜賊多有。
故聖人云：我無爲而民自化，我好靜而民自正，我無事而民自富，我無欲而民自樸。

　　要以正道去治理國家，以奇詐詭術去用兵，以不擾民的方式才能擁有天下。

　　我怎麼知道的呢？因爲從下面的幾件事情中看得出來的。

　　天下禁忌愈多，老百姓就愈貧窮；
　　朝廷裡握有的兵器愈多，就必會把國家帶來愈多的混亂；
　　民間的奇巧奢侈品愈多，姦邪事件就會層出不窮；
　　法令愈是嚴厲，盜賊就會愈多。

　　所以聖人說：如果我能不去擾民，人民自然會受到感化；如果我能清靜無爲，人民就自然不會去做壞事；如果我不用

嚴厲的法令，人民自然就會富足；如果我沒有私欲，人民就
自然會簡樸無事。

第五十七章

以正治国，以奇用兵，以无事取天下。

吾何以知其然哉？以此。

天下多忌讳，而民弥贫；

朝多利器，国家滋昏；

人多伎巧，奇物滋起；

法令滋彰，盗贼多有。

故圣人云：我无为而民自化，我好静而民自正，我无事而民
自富，我无欲而民自朴。

　　要以正道去治理国家，以奇诈诡术去用兵，以不扰民的
方式才能拥有天下。

　　我怎么知道的呢？因为从下面的几件事情中看得出来
的。

　　天下禁忌愈多，老百姓就愈贫穷；

　　朝廷里握有的兵器愈多，就必会把国家带来愈多的混乱；

　　民间的奇巧奢侈品愈多，奸邪事件就会层出不穷；

　　法令愈是严厉，盗贼就会愈多。

　　所以圣人说：如果我能不去扰民，人民自然会受到感化
；如果我能清静无为，人民就自然不会去做坏事；如果我不
用严厉的法令，人民自然就会富足；如果我没有私欲，人民

就自然会简朴无事。

To govern a nation, the ruler must use usual standards with utmost discretion. In order to win a battle, the commander may use unusual tactics of surprise and attack. To rule the people, the ruler must use a policy of not disturbing people's normal life.

How do I know this? It is because of the following facts:

When there are more prohibitive enactments, people will live in a state of increased poverty.

When there are more weapons in the hands of a ruler, he will bring more chaos to the nation.

When there are more luxurious surroundings in the society, more vicious things will take place.

When there are more laws being promulgated, more thieves and bandits will appear.

Therefore, a sage says: So long as I do not restrain my people much, people will transform themselves. So long as I love quietude, people will not go wild. So long as I issue no severe rules and regulations, people will have plenty of what they need.

So long as I have no selfish desires, people will be able to live a simple life.

第五十八章

其政閟閟，其民淳淳；

其政察察，其民缺缺。

禍兮福之所倚，福兮禍之所伏。

孰知其極？其無正

正復爲奇，善復爲妖。

人之迷，其日固久。

是以聖人方而不割，廉而不劌，直而不肆，光而不耀。

　　爲政者如果能夠少說話不要整天去發號施令，老百姓因爲生活安定民風自然就會淳厚。

　　反之，如果爲政者不停地發佈苛嚴政令，人民自然就會變得狡猾奸詐。

　　禍患後往往會帶來幸福，而幸福後又會往往出現禍患。

　　誰又能真正明瞭這其中的道理？禍福實在是沒有一定標準的。

　　本來是正面的事物，有時又會變成反面的結果；本來是件好事，有時卻又會變成壞事。

　　人們被這種現象所迷惑已經很久了。

　　祇有聖人不一樣。他是方正的，從不傷害別人；他是清廉的，從不貶低別人；他是正直的，從不放肆；他光芒萬丈，然從不炫耀自己。

第五十八章

其政闷闷，其民淳淳；

其政察察，其民缺缺。

祸兮福之所倚，福兮祸之所伏。

孰知其极？其无正

正复为奇，善复为妖。

人之迷，其日固久。

是以圣人方而不割，廉而不刿，直而不肆，光而不耀。

　　为政者如果能够少说话不要整天去发号施令，老百姓因为生活安定民风自然就会淳厚。

　　反之，如果为政者不停地发布苛严政令，人民自然就会变得狡猾奸诈。

　　祸患后往往会带来幸福，而幸福后又会往往出现祸患。

　　谁又能真正明了这其中的道理？祸福实在是没有一定标准的。

　　本来是正面的事物，有时又会变成反面的结果；本来是件好事，有时却又会变成坏事。

　　人们被这种现象所迷惑已经很久了。

　　祇有圣人不一样。他是方正的，从不伤害别人；他是清廉的，从不贬低别人；他是正直的，从不放肆；他光芒万丈，然从不炫耀自己。

If a ruler can speak less and issue fewer orders, people will live in peace, and virtue in society will automatically increase.

On the other hand, if a ruler keeps issuing severe orders, people will become crafty and cunning.

Behind a disaster, there is often a blessing. Behind a blessing, there is often a disaster.

Who truly understands the relationship between disaster and blessing? There is actually no standard answer to this question.

An event may appear a positive thing, but it may sometimes transform into a negative outcome. A good thing may change into an evil one, sometimes.

People have been confused for a long time by this ability of things to change into their opposite.

Only a sage is different. His action is fair, and he never hurts others. He is a man of integrity, and he never debases others. He is straight, and he never extends his sway.

He is bright, but he refrains from dazzling.

第五十九章

治人，事天，莫若嗇。

夫唯嗇，是謂早服。

早服，謂之重積德。

重積德，則無不克。

無不克，則莫知極。

莫知其極，可以有國。

有國之母，可以長久。

是謂深根固柢，長生久視之道。

　　修身和順應天時就是最簡單的生活方式。

　　因爲生活簡單容易培養我們無欲無爲的德性。

　　培養無欲無爲的德性以後，就能達到無所不爲的境界。

　　達到無所不爲的境界以後，就沒有不成的事情。

　　沒有不成的事情以後，便可以進入無窮盡的境界。

　　進入了無窮盡的境界以後，就可以君臨天下了。

　　這樣的國家是有基礎的，是可以長久的。

　　就像根深蒂固的大樹一樣，是能夠長久生存下去的。

第五十九章

治人，事天，莫若嗇。

夫唯嗇，是谓早服。

早服，谓之重积德。

重积德，则无不克。

无不克，则莫知极。

莫知其极，可以有国。

有国之母，可以长久。

是谓深根固柢，长生久视之道。

　　修身和顺应天时就是最简单的生活方式。

因为生活简单容易培养我们无欲无为的德性。

培养无欲无为的德性以后，就能达到无所不为的境界。

达到无所不为的境界以后，就没有不成的事情。

没有不成的事情以后，便可以进入无穷尽的境界。

进入了无穷尽的境界以后，就可以君临天下了。

这样的国家是有基础的，是可以长久的。

就像根深蒂固的大树一样，是能够长久生存下去的。

Cultivating a person's mind in accordance with the heavenly principle comes from leading a simple way of life.

Living in a way of simple life is easy for a person to cultivate the virtue of non-ambition or non-competition.

Having the virtue of non-ambition or non-competition, a person will reach a state of not doing anything but yet doing anything.

With such a state, there will be nothing but success.

Doing nothing but success, the person will enter into a situation of without end.

Entering into a situation of no end, the person is able to rule a nation.

Such a nation is built on solid foundation and it will last for a long time.

It is just like an old tree with its roots thrusting deep into the earth so that it will live for a very long time.

第六十章

治大國若烹小鮮。
以道蒞天下，其鬼不神；
非其鬼不神，其神不傷人；
非其神不傷人，聖人亦不傷人。
夫兩不相傷，故德交歸焉。

　　治理一個大的國家，就要像烹煮小魚一樣。烹煮小魚時，不能時常翻動，否則小魚就會破碎不堪。治理大國時，不能政令繁瑣，使人民不堪其擾，否則國家就會混亂了。
　　以清靜無爲之道來治理天下，連鬼也不會出來傷人。
　　不但鬼不出來傷人，神也不會出來傷人。
　　不但神不出來傷人，聖人也不會做出傷害人民的事情的。
　　鬼神和聖人都不傷害人民了，人民自然就會安靜地生活而勉力去進修德性了。

第六十章

治大国若烹小鲜。
以道莅天下，其鬼不神；
非其鬼不神，其神不伤人；
非其神不伤人，圣人亦不伤人。
夫两不相伤，故德交归焉。

治理一个大的国家，就要像烹煮小鱼一样。烹煮小鱼时，不能时常翻动，否则小鱼就会破碎不堪。治理大国时，不能政令繁琐，使人民不堪其扰，否则国家就会混乱了。

以清静无为之道来治理天下，连鬼也不会出来伤人。

不但鬼不出来伤人，神也不会出来伤人。

不但神不出来伤人，圣人也不会做出伤害人民的事情的。

鬼神和圣人都不伤害人民了，人民自然就会安静地生活而勉力去进修德性了。

Ruling a large country is like cooking small fishes. While cooking small fishes, you can not turn the fishes too often; if you do, the fishes will be broken into a mess of pieces. Ruling a large country, if the ruler issues too many orders, people will not know clearly how to follow the orders. Eventually, the country will be in chaos.

When a ruler rules his country with the policy of not bothering people, even the spirits will not be attracted to hurt people.

Not only will spirits refrain from hurting people, divinities will, likewise, not hurt people.

Not only will divinities not hurt people, the sage will not hurt people, too.

Since the spirits, the divinities, and the sage will not hurt people, the people will live in peace, free to cultivate their virtue.

第六十一章

大國者下流，天下之交，天下之牝。
牝常以靜勝牡，以靜爲下。
故大國以下小國，則取小國。
小國以下大國，則取大國。
故或下以取，或下而取。
大國不過欲兼畜人，小國不過欲入事人。
夫兩者各得其所欲，大者以爲下。

　　大的國家應當學習謙卑，就像女性之對待男性一樣，事實上討便宜的還是女性。

　　大國對小國謙卑，就可以取得小國的歸附。

　　小國如向大國謙卑，就可以獲得大國的保護。

　　所以說有的國家因爲謙卑而取得他國歸附，有的國家因爲謙卑而取得他國保護。

　　大國不過是想兼併小國，而小國也不過是想獲得大國的保護。

　　只要能相互謙卑，大家都有好處。尤其是大國，更應該要謙卑。

第六十一章

大国者下流，天下之交，天下之牝。

牝常以静胜牡，以静为下。

故大国以下小国，则取小国。

小国以下大国，则取大国。

故或下以取，或下而取。

大国不过欲兼畜人，小国不过欲入事人。

夫两者各得其所欲，大者以为下。

　　大的国家应当学习谦卑，就像女性之对待男性一样，事实上讨便宜的还是女性。

　　大国对小国谦卑，就可以取得小国的归附。

　　小国如向大国谦卑，就可以获得大国的保护。

　　所以说有的国家因为谦卑而取得他国归附，有的国家因为谦卑而取得他国保护。

　　大国不过是想兼并小国，而小国也不过是想获得大国的保护。

　　只要能相互谦卑，大家都有好处。尤其是大国，更应该要谦卑。

Large country should learn to be humble, the way the female regard the male. Eventually, it is the female who gets the advantage.

When a large country is humble, it will inspire the small country's confidence and compliance.

When a small country is humble, it will move the large country to protect it.

Thus, one country wins over another country by being humble; and one country gets protection from another country because it is humble.

Actually, all a large country wants is to unite a small country; all a small country wants is to get protection.

When the large and small countries are humble, both of them will gain advantage, especially the large country that must be humble.

第六十二章

道者，萬物之奧。
善人之寶，不善人之所保。
美言可以市尊，美行可以加人。
人之不善，何棄之有？
故立天子，置三公，雖有拱璧以先駟馬，不如坐進此道。
古之所以貴此道者何？
不曰：求以得，有罪以免邪？
故爲天下貴。

　　"道"是天下萬物中最受尊崇的。

　　不僅好人尊崇它把它當作寶貝一樣地看待，就是不好的人也希望能夠保有它。

　　美好的言語是別人喜歡聽的，美好的行爲可以得到別人的尊敬。

不好的人，我們怎麼可以拋棄他呢？

天子和三公的地位不值得尊貴，拱璧和駟馬也不值得尊貴。天下最值得尊貴的東西莫過于〞道〝。

爲什麼古人這麼尊貴〞道〝呢？

那不就是因爲好人尊崇〞道〝以後，就會萬事順利，不好的人尊崇〞道〝以後，雖有過錯仍可以以修德去減輕痛苦麼？

所以〞道〝是天下最值得尊貴的。

第六十二章

道者，万物之奥。

善人之宝，不善人之所保。

美言可以市尊，美行可以加人。

人之不善，何弃之有？

故立天子，置三公，虽有拱璧以先驷马，不如坐进此道。

古之所以贵此道者何？

不曰：求以得，有罪以免邪？

故为天下贵。

"道"是天下万物中最受尊崇的。

不仅好人尊崇它把它当作宝贝一样地看待，就是不好的人也希望能够保有它。

美好的言语是别人喜欢听的，美好的行为可以得到别人的尊敬。

不好的人，我们怎么可以抛弃他呢？

天子和三公的地位不值得尊贵，拱璧和驷马也不值得尊贵。天下最值得尊贵的东西莫过于"道"。

为什么古人这么尊贵"道"呢？

那不就是因为好人尊崇"道"以后，就会万事顺利，不好的人尊崇"道"以后，虽有过错仍可以以修德去减轻痛苦么？

所以"道"是天下最值得尊贵的。

The "dao" is the dearest among all the things in the universe.

Not only good people treasure it, but bad people wish to have it, too.

Kind words make others happy. Mind actions receive respect from others.

How can we desert bad people?

The positions of kings and ministers do not deserve treasuring by us. Beautiful jade and horses do not deserve to be treasured. Only the "dao" deserves to be treasured above all else.

Why did people in the most ancient time treasure the "dao" the most?

Isn't that the reason when good people respect the "dao" he will be smooth in his life, and when the bad people respect the "dao", although he makes mistake, he will have chance to cultivate his virtue and release the torture he is supposed to receive?

Therefore, "dao" deserves to be treasured most in the whole universe.

第六十三章

爲無爲，事無事，味無味。
大小多少，報怨以德。
圖難於其易，爲大於其細。
天下難事，必作於易。
天下大事，必作於細。
是以聖人終不爲大，故能成其大。
夫輕諾必寡信，多易必多難。
是以聖人猶難之，故終無難矣。

　　聖人治理天下以不擾民爲原則，不要人民替政府做太多的服務，凡事均要簡簡單單的。

　　事情都是由小而大由少而多的，要以仁德去對付怨恨。

　　對付困難要從容易處去開始，做大事要從小事著手。

　　因爲天下的難事都是從簡易處開始的。

　　天下的大事也多是從小事開始的

　　聖人不好高務遠，結果反而能夠成就大事。

　　輕易信諾必然會失信，常將事情看得太容易必會遭遇困難。

　　聖人將任何事情都看作是件難事，結果反而沒有遇到任何困難。

第六十三章

为无为，事无事，味无味。

大小多少，报怨以德。

图难于其易，为大于其细。

天下难事，必作于易。

天下大事，必作于细。

是以圣人终不为大，故能成其大。

夫轻诺必寡信，多易必多难。

是以圣人犹难之，故终无难矣。

圣人治理天下以不扰民为原则，不要人民替政府做太多的服务，凡事均要简简单单的。

事情都是由小而大由少而多的，要以仁德去对付怨恨。

对付困难要从容易处去开始，做大事要从小事着手。

因为天下的难事都是从简易处开始的。

天下的大事也多是从小事开始的

圣人不好高务远，结果反而能够成就大事。

轻易信诺必然会失信，常将事情看得太容易必会遭遇困难。

圣人将任何事情都看作是件难事，结果反而没有遇到任何困难。

The sage's policy is to rule his nation without unnecessary

interference with people, without asking people to do many things for the government, but rather to make everything as simple as possible.

Action would always start from "small" growing to "large," from "few" expanding to "many." The sage always returns mercy for hatred.

Handling a difficult situation, you must start with doing something easy; handling a great task, you must start with performing a small thing.

All great achievements come from the small beginnings.

The sage never wished to accomplish a great mission, but made great accomplishments nonetheless.

Easy to make promise often does not make it. Thinking too easy often meets difficulty.

The sage treats everything as a difficult thing. Consequently, he does not meet any difficulty.

第六十四章

其安易持，
其未兆易謀，
其脆易泮，其微易散。
爲之於未有，治之於未亂。
合抱之木，生於毫末；
九層之臺，起於累土；

千里之行，始於足下。

爲者敗之，執者失之。

是以聖人無爲故無敗，無執故無失。

民之從事，常於幾成而敗之；

愼終如始，則無敗事。

是以聖人欲不欲，不貴難得之貨，學不學，復衆人之所過。

以輔萬物之自然，而不敢爲。

　　一切事情在其安定時是比較容易掌握的；

　　動亂沒有發生時，就比較容易應付；

　　這就好像東西在脆弱還沒有成形時最容易斷裂了，細微還沒有顯露出來時也最容易散亂了。

　　因此，在事情還沒有發生時，就要先行把它處理好；國家還沒有動亂時，就要先行採取防範措施。

　　雙手合抱的大樹是由細小的嫩芽長大的；

　　九層高的高臺是由一筐筐的泥土堆砌而成的；

　　千里遠的路途是一步步走過的。

　　胡亂去做，爲得不敗；固執己見，也會失敗。

　　聖人不亂來，怎麼會失敗；不固執己見，當然不會失誤。

　　有些人時常在事情快要完成時失敗了。

　　如果在事情將完成時仍然和剛開始時一樣地謹慎小心，就不會失敗。

　　聖人希望人們拋棄慾望，不要過於重視那些珍貴的財寶，而去學習那些人們忽略的學問；如此就可以免除一些過失。

輔助萬物之自然成長，而不要去擅自妄爲。

第六十四章

其安易持，
其未兆易谋，
其脆易泮，其微易散。
为之于未有，治之于未乱。
合抱之木，生于毫末；
九层之台，起于累土；
千里之行，始于足下。
为者败之，执者失之。
是以圣人无为故无败，无执故无失。
民之从事，常于几成而败之；
慎终如始，则无败事。
是以圣人欲不欲，不贵难得之货，学不学，复众人之所过。
以辅万物之自然，而不敢为。

一切事情在其安定时是比较容易掌握的；
动乱没有发生时，就比较容易应付；
这就好像东西在脆弱还没有成形时最容易断裂了，细微还没有显露出来时也最容易散乱了。
因此，在事情还没有发生时，就要先行把它处理好；国家还没有动乱时，就要先行采取防范措施。
双手合抱的大树是由细小的嫩芽长大的；

九层高的高台是由一筐筐的泥土堆砌而成的；

千里远的路途是一步步走过的。

胡乱去做，焉得不败；固执己见，也会失败。

圣人不乱来，怎么会失败；不固执己见，当然不会失误。

有些人时常在事情快要完成时失败了。

如果在事情将完成时仍然和刚开始时一样地谨慎小心，就不会失败。

圣人希望人们抛弃欲望，不要过于重视那些珍贵的财宝，而去学习那些人们忽略的学问；如此就可以免除一些过失。

辅助万物之自然成长，而不要去擅自妄为。

When things are in good order, it is easy to keep them under control.

Once things are in disorder, it is difficult to get them under control.

It is just like that when a thing is brittle, it is easy to break; or when a thing is weak, it is easily broken into bits.

Therefore, action should be taken before it appears; order should be secured before disorder has begun.

A large tree grew from a tiniest sprout;

A tower of nine stories rose from heaps of earth;

The journey of a thousand miles was begun one single step at a time.

A person who does things that do not proceed in good order will fail; a person who insists on his own decision will fail, too.

A sage never does things not in a good order, so he will not fail; he never insists on his own ideas, so he will not fail for this reason either.

Some people fail just when things are about to be finished. If these people would proceed to the very end as carefully as they had in the beginning, they would not fail.

The sage advises people to give up their desires, not to treasure greatly the hard-to-get precious goods, and to learn the wise things which ordinary people neglect. In doing so, they will escape mistakes.

Support the natural development of all things, and do not do things recklessly.

第六十五章

古之善爲道者，非以明民，將以愚之。

民之難治，以其智多。

故以智治國，國之賊；

不以智治國，國之福。

知此兩者亦稽式。

常知稽式，是謂玄德，玄德深矣遠矣；

與物反矣，然後乃至大順。

　　古時候的善良統治者是不教人民勾心鬥角賣弄小聰明，他們要人民去過簡樸天真的生活。

如今的人民之所有難於治理，是因爲他們喜歡勾心鬥角賣弄小聰明。

所以如果想以勾心鬥角的小聰明去治國，那將是國家的不幸。

不以勾心鬥角的小聰明去治國，那將是國家的福氣。

知道這不幸與福氣的現象，就是明瞭捨智守愚的原則。

能夠深切明瞭這個原則，便是個具有深遠智慧的人。這種智慧真是非常地深遠啊！

他們的作爲雖然與一般人不同，但卻最順乎天理合乎自然。

第六十五章

古之善为道者，非以明民，将以愚之。

民之难治，以其智多。

故以智治国，国之贼；

不以智治国，国之福。

知此两者亦稽式。

常知稽式，是谓玄德，玄德深矣远矣；

与物反矣，然后乃至大顺。

古时候的善良统治者是不教人民勾心斗角卖弄小聪明，他们要人民去过简朴天真的生活。

如今的人民之所有难于治理，是因为他们喜欢勾心斗角卖弄小聪明。

　　所以如果想以勾心斗角的小聪明去治国，那将是国家的不幸。

　　不以勾心斗角的小聪明去治国，那将是国家的福气。

　　知道这不幸与福气的现象，就是明了舍智守愚的原则。

　　能够深切明了这个原则，便是个具有深远智慧的人。这种智慧真是非常地深远啊！

　　他们的作为虽然与一般人不同，但却最顺乎天理合乎自然。

In the early time, a good ruler never taught his people to deceive or cheat each others. He wanted his people to live a simple and unsophisticated life.

The reason why it is hard to rule people today is because now people like to deceive and cheat one another.

That people like to deceive and cheat one another is unfortunate for the nation.

If a ruler does not deceive in order to rule his people, it will be fortunate for the nation.

Realizing the differences between fortunate and unfortunate is to know the difference between living with simplicity and living with knowledge of deceiving and cheating each other.

If a person fully realizes the difference, he will become someone of high wisdom, and a person of deep wisdom!

Such wise people's behaviors might differ from the actions of ordinary people, but their actions comply with the universal

Principles.

第六十六章

江海所以能爲百谷王者，以其善下之，故能爲百谷王。
是以聖人欲上民，必以言下之。
欲先民，必以身後之。
是以聖人處上而民不重，處前而民不害。
是以聖人樂推而不厭。
以其不爭，故天下莫能與之爭。

　　江海之能爲百千河川最終歸往的地方，因爲它善於屈居卑下，所以它才能成爲百千河川最終歸往的地方。

　　所以聖人想要處於人民之上，必須說話謙卑自稱孤寡。

　　想居於人民之先，必須懂得禮讓。

　　聖人雖然處在人民的上面，可是人民沒有被壓迫的感覺；處人民的前面，人民沒有傷害。

　　結果人民仍然擁戴他，而不會厭惡他。

　　因爲聖人具備不爭的美德，所以天下沒有人能爭得過他。

第六十六章

江海所以能为百谷王者，以其善下之，故能为百谷王。
是以圣人欲上民，必以言下之。
欲先民，必以身后之。

是以圣人处上而民不重，处前而民不害。

是以圣人乐推而不厌。

以其不争，故天下某能与之争。

　　江海之能为百千河川最终归往的地方，因为它善于屈居卑下，所以它才能成为百千河川最终归往的地方。

　　所以圣人想要处于人民之上，必须说话谦卑自称孤寡。

　　想居于人民之先，必须懂得礼让。

　　圣人虽然处在人民的上面，可是人民没有被压迫的感觉；处人民的前面，人民没有伤害。

　　结果人民仍然拥戴他，而不会厌恶他。

　　因为圣人具备不争的美德，所以天下没有人能争得过他。

The reason why the great river and sea become the beneficiaries of all the hundreds of thousands of small valley streams is because they place themselves in lower positions. Therefore, they become sought by all the small valley streams.

When a sage wished to be above his people, he spoke humbly, declaring that he had no virtue.

When a sage wished to be ahead of his people, he knew how to be humble.

Although the sage was above his people, people did not have the feeling of being oppressed. He was ahead of his people, but people received no harm.

Consequently, all the people respected him and no one

disliked him.

Because the sage possessed such a unique virtue, nobody in the world could compete with him.

第六十七章

天下皆謂我道大，似不肖。

夫唯大，故似不肖。

若肖，久矣其細也夫。

我有三寶，持而保之。

一曰慈，二曰儉，三曰不敢爲天下先。

慈故能勇；儉故能廣；不敢爲天下先，故能成器長。

今舍慈且勇，舍儉且廣，舍後且先，死矣！

夫慈，以戰則勝，以守則固，

天將救之，以慈衞之。

　　天下的人都了解道是偉大的。可它似乎不像任何一個具體的東西。

　　其實正因爲它是太偉大了，所以才什麼都不像。

　　如果它能像個什麼，那就是個不值得一顧的小東西了。

　　我有三件寶貝，而且是經常保持著。

　　第一是仁慈，第二是儉約，第三是不敢居於天下人的前面。

　　仁慈能表現出大勇，儉約可以聲名廣遠，不敢居於天下人的前面可以贏得萬人的尊敬。

如今的人們舍棄仁慈而想表現勇武，舍棄儉約而想聲名廣遠，舍棄不居人前的謙讓而想領導眾人，這是一條走不通的死路！

仁慈這種道理，用在軍事上可以打勝仗；用在防守上也可以堅固不移。

因為仁慈，即使有難，老天爺也會幫助你的，所以仁慈可以保衛你於不敗之地。

第六十七章

天下皆谓我道大，似不肖。

夫唯大，故似不肖。

若肖，久矣其细也夫。

我有三宝，持而保之。

一曰慈，二曰俭，三曰不敢为天下先。

慈故能勇；俭故能广；不敢为天下先，故能成器长。

今舍慈且勇，舍俭且广，舍后且先，死矣！

夫慈，以战则胜，以守则固，

天将救之，以慈术之。

天下的人都了解道是伟大的。可它似乎不像任何一个具体的东西。

其实正因为它是太伟大了，所以才什么都不像。

如果它能像个什么，那就是个不值得一顾的小东西了。

我有三件宝贝，而且是经常保持着。

第一是仁慈，第二是俭约，第三是不敢居于天下人的前面。

仁慈能表现出大勇，俭约可以声名广远，不敢居于天下人的前面可以赢得万人的尊敬。

如今的人们舍弃仁慈而想表现勇武，舍弃俭约而想声名广远，舍弃不居人前的谦让而想领导众人，这是一条走不通的死路！

仁慈这种道理，用在军事上可以打胜仗；用在防守上也可以坚固不移。

因为仁慈，即使有难，老天爷也会帮助你的，所以仁慈可以保卫你于不败之地。

Everyone knows the universal Principle is great. But the universal Principle does not appear as any thing.

Because it is so great, it does not appear as any particular thing.

If it could look like something, it would appear insignificant, not even worthwhile to take a look.

I have three treasures and I keep them all the time.

The first one is charity; the second frugality; and the third is not to position myself above others.

With charity, a person will be brave. With frugality, a person's reputation will spread far and wide. With the philosophy of not to position oneself above others, a person will be respected by all the others.

Today, people are not charitable but wish they are brave; they are not frugal but wish his reputation to spread far and wide; they position themselves above others but wish to be respected by others. I tell you this just does not work.

With charity, you can win a battle in the military; you can prevent your enemy's marching if you want to defend a stronghold.

Because you have charity, even Heaven will help you when you meet hardship. Therefore, charity can place you in a position of not failing.

第六十八章

善爲士者不武，
善戰者不怒，
善戰勝者不與，
善用人者爲之下。
是謂不爭之德，
是謂用人之力，
是謂配天之極。

善於統御大軍的將帥是不輕易逞強好勝的。
善於作戰的將軍是不會輕易發怒的。
而那真正善於用兵的人又是希望不戰而勝。
善於用人的政治人物，是懂得如何禮賢下士，屈居人下。

這種不逞強、不發怒、懂得如何取得不戰而勝的道理實在是一種絕妙的美德，運用別人的才能去達到自己的目的是合乎自然的法則的。

第六十八章

善为士者不武，
善战者不怒，
善战胜者不与，
善用人者为之下。
是谓不争之德，
是谓用人之力，
是谓配天之极。

善于统御大军的将帅是不轻易逞强好胜的。

善于作战的将军是不会轻易发怒的。

而那真正善于用兵的人又是希望不战而胜。

善于用人的政治人物，是懂得如何礼贤下士，屈居人下。

这种不逞强、不发怒、懂得如何取得不战而胜的道理实在是一种绝妙的美德，运用别人的才能去达到自己的目的是合乎自然的法则的。

A good commander-in-chief who knows how to lead an army does not show off his military power to his enemy.

A general who knows how to fight does not get angry.

The person who knows the art of military always hopes to win a war without going to the battlefield.

A good politician knows how to be humble to the people of ability, how to position himself behind others.

The art of not showing off his power, not getting angry, but winning a war without going to the battlefield is a great virtue.

Using other people's talents to reach his target is in accordance with the universal Principle.

第六十九章

用兵有言：吾不敢為主而為客，不敢進寸而退尺。

是謂行無行，攘無臂，扔無敵，執無兵。

禍莫大於輕敵；輕敵幾喪吾寶。

故抗兵相加，哀者勝矣。

軍事專家說：我不敢主動挑起戰端，唯有在被迫的情況中才會發兵應戰。在作戰的時候，我也不敢逞強好勝地冒進一寸擴大戰區，而寧願退後一尺，消滅戰爭求取和平。

這也就是說雖有行陣，但不需要擺出；雖有臂膀，但不必要伸出；雖有敵人，但不必去攻打；雖有兵器，但不必去用它。

在戰場上，輕敵是最可怕的；因為輕敵就會戰敗而失去一切貴重的東西。

在兩軍對壘之際，哀兵往往是必勝的。

第六十九章

用兵有言：吾不敢为主而为客，不敢进寸而退尺。

是谓行无行，攘无臂，扔无敌，执无兵。

祸莫大于轻敌；轻敌几丧吾宝。

故抗兵相加，哀者胜矣。

军事专家说：我不敢主动挑起战端，唯有在被迫的情况中才会发兵应战。在作战的时候，我也不敢逞强好胜地冒进一寸扩大战区，而宁愿退后一尺，消灭战争求取和平。

这也就是说虽有行阵，但不需要摆出；虽有臂膀，但不必要伸出；虽有敌人，但不必去攻打；虽有兵器，但不必要去用它。

在战场上，轻敌是最可怕的；因为轻敌就会战败而失去一切贵重的东西。

在两军对垒之际，哀兵往往是必胜的。

A militarist who knows the art of war said: I dare not start a war, but when the war comes to me, I'll lead my army to fight. During the war, I'll try not to advance even one inch to show off my military might and enlarge the war, but instead I would rather retreat one foot in order to decrease the war and attain peace.

It also means presenting no battle front while you have the

power, not raising your arm while you could, not lusting to fight against the enemy while you have them engaged, and not desiring to raise the weapons you have in your hand.

In the battlefield, making light of your enemy can make you lose every treasure.

With the enemy confronting with, pretending to be weak often wins the war.

第七十章

吾言甚易知，甚易行。
天下莫能知，莫能行。
言有宗，事有君。
夫唯無知，是以不我知。
知我者希，則我者貴。
是以聖人被褐懷玉。

我所說的話照理講是很容易明瞭的，也是很容易去實行的。

可是天下卻有很多人不能夠明瞭，也不能去實行。

我說的話是有根源的，我所說的事也是有原則的。

因爲人們無知，所以不能明瞭我這個易知易行的道理。

明瞭我的道理的人真是太少了，因此懂得的人便顯得難能可貴了。

聖人的衣著看似粗俗，可是他的內部卻藏有像美玉一般的才學。

第七十章

吾言甚易知，甚易行。

天下莫能知，莫能行。

言有宗，事有君。

夫唯无知，是以不我知。

知我者希，则我者贵。

是以圣人被褐怀玉。

　　我所说的话照理讲是很容易明了的，也是很容易去实行的。

　　可是天下却有很多人不能够明了，也不能去实行。

　　我说的话是有根源的，我所说的事也是有原则的。

　　因为人们无知，所以不能明了我这个易知易行的道理。

　　明了我的道理的人真是太少了，因此懂得的人便显得难能可贵了。

　　圣人的衣着看似粗俗，可是他的内部却藏有像美玉一般的才学。

What I have said is very easy to understand and to implement.

But not many people understand my words, neither can they enact it.

My words have their sources. The things I have said come from the Principle.

Because of people's ignorance, they do not understand my principle that is easy to understand and easy to enact.

Because few people understand my words, when a person does, it is rare now.

A sage might wear coarse clothes, but he had valuable knowledge hiding in his mind.

第七十一章

知，不知，上；不知，知，病。
聖人不病，以其病病。
夫唯病病，是以不病。

　　知道自己有所不知道的是最高的境界；不知道而自以為知道，那就是一種毛病了。
　　聖人沒有這種毛病，因為他把這種毛病當做毛病。
　　因為他把這種毛病當做毛病，所以他不會有這種毛病。

第七十一章

知，不知，上；不知，知，病。
圣人不病，以其病病。
夫唯病病，是以不病。

知道自己有所不知道的是最高的境界；不知道而自以为知道，那就是一种毛病了。

圣人没有这种毛病，因为他把这种毛病当做毛病。

因为他把这种毛病当做毛病，所以他不会有这种毛病。

That a person knows what he does not know is great. That a person does not know but presume he knows is a defect.

A sage does not have the defect, as he treats the defect as a defect.

Because he treats the defect as a defect, he does not have the defect.

第七十二章

民不畏威，則大威至。

無狎其所居，無厭其所生。

夫唯不厭，是以不厭。

是以聖人自知不自見，自愛不自貴。

故去彼取此。

當人民不畏懼暴君的權威時，反抗的暴動就會接二連三地來。

所以在位者不應當脅迫人民的生存，不要干涉人民的日常生活。

如果在位者不干涉人民的日常生活，人民也就不會厭惡他。

聖人了解自己而不去表揚自己，愛惜自己的行象而不自認爲高貴。

摒除那些不受人民喜愛的，而保留那些人民所喜愛的。

第七十二章

民不畏威，則大威至。

无狎其所居，无厌其所生。

夫唯不厌，是以不厌。

是以圣人自知不自见，自爱不自贵。

故去彼取此。

当人民不畏惧暴君的权威时，反抗的暴动就会接二连三地来。

所以在位者不应当胁迫人民的生存，不要干涉人民的日常生活。

如果在位者不干涉人民的日常生活，人民也就不会厌恶他。

圣人了解自己而不去表扬自己，爱惜自己的行象而不自认为高贵。

摒除那些不受人民喜爱的，而保留那些人民所喜爱的。

When people do not fear the ruler's authorities, awful acts

of resistance will happen one after the other.

Therefore, the ruler should not threaten people's existing, or suppress people's livelihoods.

If the ruler does not suppress people's livelihoods, people will not loathe him.

The sage understands himself and does not display himself; values himself but requires no honors.

He removes people's dislikes and preserves people's likes.

第七十三章

勇於敢則殺，勇於不敢則活。

此兩者，或利或害。

天之所惡，孰知其故，是以聖人猶難之。

天之道，不爭而善勝，不言而善應，不召而自來，繟然而善謀。

天網恢恢，疏而不失。

　　逞強好勝沒有不敢做的人，大都沒有好的結果。逞強好勝然而有所爲也有所不爲的人，是會生存的。

　　以上兩條路都是"勇"，由於"沒有不敢"和"有所爲也有所不爲"因而結果不一樣、有利有弊。

　　逞強好勝沒有不敢做是違反天道的，很少人知道這個道理。聖人對此也是特別小心。

　　所謂天道，它不與萬物相爭，然而能勝過萬物；它不說話，然而萬物都能與它相呼應；它不去召喚，然而該來的都來了；它坦然無私爲萬物謀劃。

它好像一道羅網蓋住一切，沒有一點疏失。

第七十三章

勇于敢则杀，勇于不敢则活。

此两者，或利或害。

天之所恶，孰知其故，是以圣人犹难之。

天之道，不争而善胜，不言而善应，不召而自来，繟然而善谋。

天网恢恢，疏而不失。

逞强好胜没有不敢做的人，大都没有好的结果。逞强好胜然而有所为也有所不为的人，是会生存的。

以上两条路都是"勇"，由于"没有不敢"和"有所为也有所不为"因而结果不一样、有利有弊。

逞强好胜没有不敢做是违反天道的，很少人知道这个道理。圣人对此也是特别小心。

所谓天道，它不与万物相争，然而能胜过万物；它不说话，然而万物都能与它相呼应；它不去召唤，然而该来的都来了；它坦然无私为万物谋划。

它好像一道罗网盖住一切，没有一点疏失。

In order to show his braveness, a person may dare to do

anything with nothing particularly he dares not. This kind of people will not have a good end. To show his braveness, a person dares to do anything but he still pauses to consider that which he would not do. This kind of people will survive.

The above two kinds of people who dare to do anything come to different fates, as one remembers to think of things that he should not do while the other considers nothing he cannot do.

Showing braveness by daring to do anything is against the universal Principle. Unfortunately, not many people realize it. Even a sage, he pays special attention to this, too.

As for the universal Principle, it does not compete with myriad beings, yet it is stronger than the myriads. It does not speak, yet the myriads can communicate with it. It does not call, yet the things which should come to it all come. It considers and plans for the myriads unselfishly.

It is like a huge web which covers everything leaving nothing out.

第七十四章

民不畏死，奈何以死懼之！

若使民常畏死。

而為奇者，吾得執而殺之，孰敢？

常有司殺者殺。

夫代司殺者殺，是謂代大匠斲。

夫代大匠斲者，希有不傷其手矣。

　　當人民處於生不如死的境況中，再以死來威脅他們是沒有用的。

　　當政者應當教導人民愛惜生命，不要做壞事而被處死刑。

　　如果有壞人為非作歹，就可以將之處死，如此誰還敢再做壞事？

　　處死壞人的工作要由公正的官吏去掌管。

　　如果有人想代替公正的官吏去處死壞人，那就像去代替砍伐木材工人去砍伐木材。

　　代替砍伐木材工人去砍伐木材，焉有不把自己的手指弄傷的。

第七十四章

民不畏死，奈何以死懼之！

若使民常畏死。

而为奇者，吾得执而杀之，孰敢？

常有司杀者杀。

夫代司杀者杀，是谓代大匠斲。

夫代大匠斲者，希有不伤其手矣。

　　当人民处于生不如死的境况中，再以死来威胁他们是没有用的。

当政者应当教导人民爱惜生命,不要做坏事而被处死刑。

如果有坏人为非作歹,就可以将之处死, 如此谁还敢再做坏事？

处死坏人的工作要由公正的官吏去掌管。

如果有人想代替公正的官吏去处死坏人, 那就像去代替砍伐木材工人去砍伐木材。

代替砍伐木材工人去砍伐木材, 焉有不把自己的手指弄伤的。

When the people live in a situation that they wish to die instead of to survive, they will not be afraid of threat!

The ruler should teach the people to love their lives and not to do evils which will be punished to death.

If the bad people do evil, and later they are punished to death, who else dares do evil again?

To kill evildoers is the responsibility of just officials.

If a person wants to do the job a just official does, it is like trying to cut wood for a master carpenter.

When you are wood-cutting for a professional carpenter, naturally, you will hurt your fingers.

第七十五章

民之飢,以其上食稅之多,是以飢。

民之難治,以其上之有為,是以難治。

民之輕死，以其上求生之厚，是以輕死。

夫唯無以生爲者，是賢於貴生。

　　人民之所以飢餓，因爲在上位的苛捐雜稅太重了，使得人民沒有飯吃。

　　人民之所以難於治理，因爲統治者政令繁苛，人民不堪其擾，設法反抗，故而難以治理。

　　人民之所以不怕死，因爲統治者只求自身之享受，不顧人民之死活，所以人民感覺生不如死。

　　所以如果在上位的人能顧及人民的生存，那該多好。

第七十五章

民之饥，以其上食税之多，是以饥。

民之难治，以其上之有为，是以难治。

民之轻死，以其上求生之厚，是以轻死。

夫唯无以生为者，是贤于贵生。

　　人民之所以饥饿，因为在上位的苛捐杂税太重了，使得人民没有饭吃。

　　人民之所以难于治理，因为统治者政令繁苛，人民不堪其扰，设法反抗，故而难以治理。

　　人民之所以不怕死，因为统治者只求自身之享受，不顾人民之死活，所以人民感觉生不如死。

　　所以如果在上位的人能顾及人民的生存，那该多好。

People are hungry because of high taxes that prevent them from buying enough food.

It is hard to rule people when there are too many complicated laws and regulations, making people unable to follow them and have to resist.

People are not afraid of death at a time when the ruler only pursues his personal enjoyment and ignores people's life. Living in such a hard time, they prefer dying to living.

When the ruler takes care of people's life, how nice it would be.

第七十六章

人之生也柔弱，其死也堅強。

萬物草木之生也柔脆，其死也枯槁。

故堅強者，死之徒；柔弱者，生之徒。

是以兵強則不勝，木強則兵。

強大處下，柔弱處上。

　　人們活著時全身是軟弱的，可是當人死了以後，其身體就會變得堅硬。

　　草木生存時也是柔弱的，死時就會變得枯槁堅硬。

　　所以說逞強好勝屬於死亡的一類，柔弱屬於生存的一類。

　　因此，用兵逞強就會遭致滅亡；樹木壯大就會斷折。

由此可知，凡是強大的，反而居於下位，柔弱的居於上位。

第七十六章

人之生也柔弱，其死也坚强。

万物草木之生也柔脆，其死也枯槁。

故坚强者，死之徒；柔弱者，生之徒。

是以兵强则不胜，木强则兵。

强大处下，柔弱处上。

人们活着时全身是软弱的，可是当人死了以后，其身体就会变得坚硬。

草木生存时也是柔弱的，死时就会变得枯槁坚硬。

所以说逞强好胜属于死亡的一类，柔弱属于生存的一类。

因此，用兵逞强就会遭致灭亡；树木壮大就会断折。

由此可知，凡是强大的，反而居于下位，柔弱的居于上位。

When a person is alive, his body is soft. But when he is dead, his body becomes hard.

And the plants are the same: when they are alive they are soft, but when they are dead they become hard.

Therefore, being strong belongs to the category of death and being soft is a quality of thriving.

Thus, trying to invade by force will lead to destruction. Like a tree, when it grows tall enough, it will be easily broken.

From the above examples, we realize that being strong should occupy a lower position, while being weak in an upper position.

第七十七章

天之道，其猶張弓與？

高者抑之，下者舉之；

有餘者損之，不足者補之。

天之道，損有餘而補不足。

人之道則不然，損不足以奉有餘。

孰能有餘以奉天下？唯有道者。

是以聖人爲而不恃，功成而不處，其不欲見賢。

自然界的規律，不正像拉弓射箭的道理一樣嗎？

若射得太高，則必須壓低它；若射得太低，則必須抬高它。

若用力太大，則必須減少點；若若用力太小，則必須增加點。

自然界的規律就是減少有餘來彌補不足。

現在的現實社會中的規律，卻是剝削不足來供應有餘。

誰願意把自己多餘的拿出來供天下人分享呢？那只有遵守天道的人才可以做到。

所以聖人能夠有所作爲而不自恃其能，有所成就而不自居其功，擁有聰明才智而不自我表現。

第七十七章

天之道，其犹张弓与？

高者抑之，下者举之；

有余者损之，不足者补之。

天之道，损有余而补不足。

人之道则不然，损不足以奉有余。

孰能有余以奉天下？唯有道者。

是以圣人为而不恃，功成而不处，其不欲见贤。

　　自然界的规律，不正像拉弓射箭的道理一样吗？

　　若射得太高，则必须压低它；若射得太低，则必须抬高它。

　　若用力太大，则必须减少点；若若用力太小，则必须增加点。

　　自然界的规律就是减少有余来弥补不足。

　　现在的现实社会中的规律，却是剥削不足来供应有余。

　　谁愿意把自己多余的拿出来供天下人分享呢？那只有遵守天道的人才可以做到。

　　所以圣人能够有所作为而不自恃其能，有所成就而不自居其功，拥有聪明才智而不自我表现。

Do the natural rules resemble drawing a bow?

If we draw too high, we must adjust it a little lower next time; if we draw too low, we must raise it a little higher.

If we draw too strongly, we must decrease strength a little next time. If we draw too weak, we must increase strength a little bit.

The rules of the natural order direct us to decrease the additional and to cover the shortage.

But the present society likes to exploit the people who do not have enough and to add to the people who have plenty already.

Who wants to share his surplus with others in the world? Only people who follow the universal Principle do it.

The sage achieves many accomplishments, but never boasts his ability. He does good deeds, but never claims to his credit. He is wise, but never admits he is.

第七十八章

天下莫柔弱於水，而攻堅強者莫之能勝，以其無以易之。

弱之勝強，柔之勝剛，天下某不知，莫能行。

是以聖人云：受國之垢，是謂社稷主；受國不祥，是謂天下主。

正言若反。

天下沒有比水更柔弱的了，可是那能攻克堅強的東西卻贏不了水，因爲它們無法改變水的特性。

弱能勝強柔能勝剛的道理誰都知道，可就是很少人能夠實行。

所以聖人說：能夠承受屈辱的人，就可以爲一個地區之主；能夠承受所有災禍的人，就可以爲天下之王。

這句話聽起來好像是反話，其實是正面的話，可惜人們很少能夠實行它了。

第七十八章

天下莫柔弱于水，而攻堅強者莫之能胜，以其无以易之。
弱之胜强，柔之胜刚，天下某不知，莫能行。
是以圣人云：受国之垢，是谓社稷主；受国不祥，是谓天下主。
正言若反。

天下没有比水更柔弱的了，可是那能攻克坚强的东西却赢不了水，因为它们无法改变水的特性。

弱能胜强柔能胜刚的道理谁都知道，可就是很少人能够实行。

所以圣人说：能够承受屈辱的人，就可以为一个地区之主；能够承受所有灾祸的人，就可以为天下之王。

这句话听起来好像是反话，其实是正面的话，可惜人们很少能够实行它了。

Nothing is softer and more yielding than water, but the thing that can overcome the strongest cannot subdue water, as water has its own characteristic.

Everybody knows that weak overcomes strong and that soft overcomes hard, but few of them can put this principle into practice.

Therefore, the sage said: The person who can bear the humiliation of people can become the chief in his area; the person who can bear all the direful woes can become the king of the world.

These words seem paradoxical, but they are true. Unfortunately, few people follow them now.

第七十九章

和大怨，必有餘怨，安可以爲善？
是以聖人執左契，而不責於人。
有德司契，無德司徹。天道無親，常與善人。

　　調和大的怨恨以後，必定還有餘恨留存在彼此的心中，這怎麼可以說是最妥善的辦法呢？

　　聖人就好像是掌握左契的債權人，但他從不要求他的債務人去償付欠債。

　　有德的人只會伺察別人是否守信，而不去苛求別人；無德的人卻專門去伺察別人的過失，而作爲要脅。

　　大自然的運作依循一定的法則，是最公平最公正的，不會偏愛任何人。不過時常行善的人，自然會得對善報。

第七十九章

和大怨，必有余怨，安可以为善？
是以圣人执左契，而不责于人。
有德司契，无德司彻。天道无亲，常与善人。

　　调和大的怨恨以后，必定还有余恨留存在彼此的心中，这怎么可以说是最妥善的办法呢？

　　圣人就好像是掌握左契的债权人，但他从不要求他的债务人去偿付欠债。

　　有德的人只会伺察别人是否守信，而不去苛求别人；无德的人却专门去伺察别人的过失，而作为要挟。

　　大自然的运作依循一定的法则，是最公平最公正的，不会偏爱任何人。不过时常行善的人，自然会得对善报。

After a great hatred has been patched, there are always some grudges remaining in the parties. Thus, how can this still be the best way to solve the problems?

The sage is like a creditor, but he never asks his debtors to pay him.

A person of virtue only watches if the others keep their

promises and never demands others to do something for him. A person of no virtue likes to check other people's faults and uses these to blackmail them.

The natural order of things created its own regulations that are the fairest and most just. The natural order is not partial to any person, and thus people who do good deeds always have good rewards in return.

第八十章

小國寡民。
使有什伯之器而不用，
使民重死而不遠徙。
雖有舟輿，無所乘之；
雖有甲兵，無所陳之。
使民復結繩而用之。
甘其食，美其服，安其居，樂其俗。
鄰國相望，雞犬之聲相聞;
民至老死，不相往來。

理想的國家，是領土很小，人民也很少。

在這個國家裡，雖然有複雜的器皿也沒有地方可以去使用；

人民愛惜自己的生命，而不會遠走他鄉去冒險犯難。

雖然有船和轎子，人民沒有必要去乘坐；

雖然有兵士，可是沒有用武之處。

老百姓回到當年用結繩來記事的簡單生活。

吃得雖然簡單然仍覺得津津有味，穿得雖然簡單然仍覺得很美觀，住得雖然簡單然仍覺得很安逸，對於現在的簡單生活環境仍然覺得很快樂。

與鄰近的國家距離很近，連雞狗的叫聲都可以相互聽到。

老百姓之間一直到老死了都不相往來。

第八十章

小国寡民。

使有什伯之器而不用，

使民重死而不远徒。

虽有舟舆，无所乘之；

虽有甲兵，无所陈之。

使民复结绳而用之。

甘其食，美其服，安其居，乐其俗。

邻国相望，鸡犬之声相闻；

民至老死，不相往来。

理想的国家，是领土很小，人民也很少。

在这个国家里，虽然有复杂的器皿也没有地方可以去使用；

人民爱惜自己的生命，而不会远走他乡去冒险犯难。

虽然有船和轿子，人民没有必要去乘坐；

虽然有兵士，可是没有用武之处。

老百姓回到当年用结绳来记事的简单生活。

吃得虽然简单然仍觉得津津有味，穿得虽然简单然仍觉得很美观，住得虽然简单然仍觉得很安逸，对于现在的简单生活环境仍然觉得很快乐。

与邻近的国家距离很近，连鸡狗的叫声都可以相互听到。

老百姓之间一直到老死了都不相往来。

The ideal nation is very small in size with a very small population.

Although there are complicated tools in the nation, people do not need to use them.

People are so content with their present situations that they do not want to leave their village for a faraway place or take risks.

Although there are boats and carriages, people do not need to use them.

Although there are weapons, there are no opportunities to use them.

People return to the early days of simple living when they used knotted cords to remember things.

Although their food is simple, it is tasty. Although their clothes are simple, they think they are pretty. Although their houses are simple, they think they are comfortable. Although their neighborhood is simple, they consider they are happy.

The neighboring states are within sight so that even the voices of fowls and dogs can be heard.

People do not visit each other until death.

第八十一章

信言不美，美言不信。
善者不辯，辯者不善。
知者不博，博者不知。
聖人不積。
既以為人，己愈有；
既以與人，己愈多。
天之道，利而不害；
聖人之道，為而不爭。

　　一般說來，真實話往往聽起來並不好聽，而好聽的話又往往多是不真實的。

　　真正的善行是不需要言辭來辯護的，那些花言巧語所說的事情又多不是善行。

　　有智慧的人並不是什麼都懂，什麼都懂的人並不見得有智慧。

　　聖人是積德而不積財。

　　他愈是幫助別人，他的收穫也就愈多。

　　他施出去的愈多，也就愈多充實自己。

　　自然界的法則是利益眾生，而不是危害眾生。

聖人取法天道服務眾人，不爭名、不爭利、不邀功。

第八十一章

信言不美，美言不信。

善者不辯，辯者不善。

知者不博，博者不知。

圣人不积。

既以为人，己愈有；

既以与人，己愈多。

天之道，利而不害；

圣人之道，为而不争。

　　一般说来，真实话往往听起来并不好听，而好听的话又往往多是不真实的。

　　真正的善行是不需要言辞来辩护的，那些花言巧语所说的事情又多不是善行。

　　有智慧的人并不是什么都懂，什么都懂的人并不见得有智慧。

　　圣人是积德而不积财。

　　他愈是帮助别人，他的收获也就愈多。

　　他施出去的愈多，也就愈多充实自己。

　　自然界的法则是利益众生，而不是危害众生。

　　圣人取法天道服务众人，不争名、不争利、不邀功。

Generally speaking, true words are often not welcome, and beautiful words are often not true.

Genuinely good deeds do not need to be defended, while things that sound beautiful are often not good deeds.

A person of wisdom does not know everything, but a person who says he knows everything is not necessarily a person of wisdom.

A sage is a person who does not accumulate wealth but virtue.

The more he helps others, the more gains he will get.

The more he gives, the more he will receive.

Natural laws only benefit the myriads beings, as they do not harm them.

The sage takes from the universal Principle in order to serve people, and he never tries to seek fame, or benefit, or claims of his merit.